KB206719

청춘,
가슴이
시키는 대로

블록버스터 급 677일간의
자전거 여행기

청춘, 가슴이 시키는 대로

글·사진 김민영

크럭

Contents

1 Hello! 북아메리카

1. 캐나다

2. 미국

2 Gracias! 중앙아메리카

1. 멕시코

2. 과테말라/엘살바도르/온두라스

3. 니카라과/코스타리카/파나마

3 Adios! 남아메리카

1. 콜롬비아/에콰도르

2. 페루/볼리비아

3. 칠레/아르헨티나

Prologue

"자전거 좋아하세요?"

다이아몬드 모양 몸체에 동그라미 두 개. 몸에 돋아난 더듬이를 잡고 페달에 발을 얹어 힘차게 돌리면 앞으로 서서히 나아간다. 바퀴가 점점 빠르게 굴러간다. 생명은 아니지만 마치 살아 있는 것 같다. 자전거의 매력에 빠져드는 순간이다. 이 친구와 함께라면 어디든 갈 수 있을 거라는 자신감이 든다.

자전거와 친구가 된 것은 스무 살 여름부터다. 우연히 본 책 한 권의 영향으로 친구와 무작정 자전거 전국 일주를 떠났다. 20만 원짜리 싸구려 자전거에 부탄가스를 묶고 라면으로 끼니를 해결하며 나흘간 300km를 방랑하던 그때. 여행이란 '값비싼 호텔에서 휴양하며 맛있는 음식을 먹는 것'이라고 생각했던 나에게 그 경험은 상식의 틀을 깨 주었다. 낭만적일 거라 생각했던 자전거 여행은 고난 그 자체였지만 새로운 풍경과 사람을 마주하게 했고 무엇보다 '자유'라는 달콤함을 안겨 주었다. 목적지에 도착한 그 순간 자유와 더불어 성취감이 몰려왔다. 진정한 낭만이 무엇인지 알았다. 지금까지 보낸 10대 시절이 나를 돌아보는 시간이었다면 새롭게 펼쳐질 20대엔 더 큰 세상을 경험해야 했다. 좀 더 넓은 세상, 더 다양한 사람들의 삶을 둘러보며 가슴이 시키는 대로 마음껏 여행하고 싶었다.

자전거 초심자였던 당시 나는 잘못된 페달링 습관으로 무릎에 염증이 생겨버렸다. 잦은 재발로 인해 심한 통증이 발생하는 지경에 이르러 한동안 자전거와 결별해야만 했다. 여행을 안 할 수는 없고 그렇다면 자전거 없이 떠나 보자 결심했다. 군대 전역 후 200만 원을 들고 일본 일주에 나섰다. 히치하이킹만 93번. 처음 보는 일본인들의 차를 얻어 타며 후쿠오카에서 최북단 와카나이까지 90일간 7,000km를 여행했다. 자전거가 없으니 발바닥에 물집이 나도록 걸어 다녔다. 숙박은 공원이나 다리 밑에서 텐트 치고 자는 것으로 해결했다. 힘들었지만 재밌고 행복했다.

'가장 가까운 나라인 일본을 여행한 것만으로도 가치관에 이렇게 큰 변화가 생겼는데 이보다 더 먼 나라를 더 오랫동안 여행하면 어떨까?'

지구 반대편 사람들의 모습이 궁금했다. 그들은 어떻게 생각하고 어떻게 살아갈까? 텔레비전을 통해 누군가가 한 번 필터링한 정보가 아닌 그들의 가감없는 삶을 두 눈에 직접 담고 싶었다. 이동과 숙박 경비를 최대한 아낀다면 여행을 오랫동안 자유롭게 지속할 수 있을 텐데. 잊고 지냈던 자전거를 떠올렸다. 두 바퀴를 굴리며 지구 반대편의 민낯을 들여다보는 일은 상상만 해도 매력 넘쳤다. 자전거는 내 여행에 반드시 필요했다. 특히 세계 여행일수록 더더욱.

결국 나는 수술을 받기로 했다. 장경 인대를 2cm 가량 연장하는 수술이었다. 지금 생각하면 다소 무모한 결단이었지만 당시에는 그것만이 방법이라 믿었다. 세계 여행에 얼마나 미쳐 있었느냐 하면 인생을 걸 정도였다. 오죽했으면 수술대에 누워 하반신 마취 중에도 아메리카 대륙을 달릴 상상에 히죽히죽 웃었을까. 다행히 수술은 성공적으로 끝나 6개월간 재활 치료를 받았다. 무릎 완치 판정을 받은 뒤엔 여행 경비를 모으기 시작했다. 공장에서 하루 12시간씩 꼬박 1년을 일해 1,000만 원을 마련했다. 인생에서 도전 정신과 열정이 가장 끓어오르던 시기다.

　　2017년 5월 27일, 마침내 모든 것이 준비되었다. 캐나다에서 아르헨티나까지 15개국, 677일에 걸친 20,000km의 여정에 신호탄을 쏘아 올렸다. 자유에 심하게 굶주렸던 야생마 한 마리가 콧김을 뿜어대며 세상 밖으로 뛰쳐나갔다.

Bicycle Road Map

캐나다

미국

멕시코

과테말라
엘살바도르
온두라스

니카라과

코스타리카
파나마

콜롬비아

에콰도르

페루

볼리비아

칠레

아르헨티나

1

Hello!
북아메리카

Canada
United States of America

1
|
CANADA

처음 마주한 대자연,
오로라는 감동이었어

대한민국, 인천

에드먼턴(Edmonton) ○————○ 에드민턴 시내 20km

☀ 맑음

지구 반대편 출발지로 가는 길은 멀고도 험했다. 김포 공항에서 베이징을 거쳐 캐나다에 도착한 뒤 또 한 번 캐나다 중부 대도시인 에드먼턴 Edmonton까지 이동해야 여행을 시작할 수 있었다. 비행시간만 총 15시간에 경유지에서의 대기 시간까지 포함하면 만 하루가 걸린 셈이다. 에드먼턴 공항에 도착하니 시간은 오후 5시. 공항 한쪽 구석에 쭈그리고 앉아 자전거 조립을 시작했다. 1시간이면 될 줄 알았던 자전거 조립은 3시간이 지나서야 끝이 났다. GPS가 없어서 공항 직원에게 에드먼턴으로 가는 방향만 묻고는 공항을 빠져나왔다.

"자! 이제 시작이다."

시내까지는 20km. 잘 곳이 정해진 것도, 누굴 만날 예정도 아니었기 때문에 서두를 필요는 없었다. 이정표가 제시해 주는 대로 길 따라 유유히 페달을 밟았다. 출발지가 에드먼턴인 것도 대단한 이유에서는 아니었다. 집에서 구글 맵을 보다가 캐나다의 최종 목적지를 벤쿠버Vancouver로 정했고 그로부터 2,000km 정도 떨어진 곳을 살펴보니 에드먼턴이 출발지로 적당했기 때문이다.

에드먼턴 시내로 들어가는 길은 오후 9시가 넘었는데도 어둡지 않았다. 온 하늘에 짙은 주황색이 한 시간이 넘도록 펼쳐져 있었다. 해는 오후 8시 이전에 지는 게 당연하다고 살아왔던 내게 이런 자연 현상은 사소했지만 신선한 자극으로 다가왔다. 지금껏 내가 알고 있던 상식은 틀린 것일 수도 있다고 누군가 속삭여 주는 것만 같았다.

에드먼턴 시내에 도착하니 오후 11시를 훌쩍 넘긴 시간이었다. 마트에 들러 현지 물가를 파악하고 식빵과 소시지를 사서 인적 없는 공원 벤치에 앉아 허기를 달랬다. 배가 불러오니 슬슬 졸음이 몰려왔다. 지나다니는 행인이 없어질 때까지 한 시간을 더 기다리다 공원 한구석에 텐트를 쳤다.

잘 준비를 마치고 잠깐 밖으로 나와 하늘을 올려다보는데 무언가 꾸물꾸물 움직이고 있었다. 구름이라고 하기엔 너무 밝고 그렇다고 어디 굴뚝에서 나오는 연기도 아니었다. 자세히 보니 옅은 녹빛을 띠고 있었다. 설마… 내가 마주하고 있던 것은 다름 아닌 오로라였다! 태양에서 방출된 플라스마의 일부가 지구 자기장에 이끌려 대기로 진입하면서 공기 분자와 반응해 빛을 낸다는, 극지방에서 시기를 잘 맞춘 운 좋은 사람만이 볼 수 있다는 그 오로라 말이다. 아무도 없는 어두운 공원에서 나 홀로 "대박! 대박!"을 외치며 카메라와 삼각대를 꺼내 연신 셔터를 눌러 댔다. 가시지 않던 노을이 신선한 자극이었다면 생전 처음 보는 오로라는 신선한 충격이었다. 여행 첫날부터 이런 진귀한 광경을 목격하다니 어쩐지 좋은 여행이 될 것 같은 예감이 들었다.

청춘 가슴이 시키는 대로

자전거 여행자는
네가 처음이야

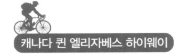

캐나다 퀸 엘리자베스 하이웨이

에드먼턴 ○——○ 포노카(Ponoka) 160km

☀ 맑음

다음 날 마을에서 지도를 구입하고 300km 떨어진 캘거리Calgary를 향해 출발했다. 하루 100km씩 3일이면 캘거리가 적당했기 때문이다. 단순한 발상으로 길을 떠났지만 갓길이 넓은 고속도로라 위험하지 않았다. 또 일주일은 버틸 수 있는 식량이 있어서 어디서든 캠핑을 할 수 있다고 자부했다. 문제는 식량이 아닌 물이었다. 처음 1.5L 생수 4병, 그러니까 물 6L를 자전거에 싣고 길을 떠났는데 하루 8시간 라이딩에 4L 이상의 물을 소비할 것이라고는 미처 계산하지 못했던 것이다.

고속도로 한가운데서 물을 구할 곳은? 당연히 없었다. 뙤약볕 아래서 갈증이 심해지기 시작했다. 다음 마을까지는 20km가 남았고 1시간은 족히 가야 도착할 수 있는 거리였다. 하는 수 없이 이따금씩 들판 위로 보이는 목장에 찾아가 물을 얻어 보기로 했다. 어느 목장에 들어가니 누군가 헤드셋을 낀 채 트랙터를 타고 밭을 갈고 있었다. 물 좀 얻을 수 있을지 묻자 금발의 여인 제시는 흔쾌히 물을 떠주고 더위를 식히고 가라며 아이스크림까지 건네주었다. 아이스크림을 먹으며 제시에게 물었다.

"자전거 여행자들이 가끔 찾아오나요?"
"전혀. 네가 처음이야."

그도 그럴 것이 방금까지만 해도 나는 인적 드문 시골을 달리고 있었다. 불쑥 찾아온 불청객에게 친절히 대해 준 제시가 고마웠다. 제시는 트랙터 시동을 끄더니 마당으로 걸어가 이번엔 트럭에 생명을 불어넣었다. 고맙게도 나를 고속도로까지 태워 주겠단다. 달리는 트럭 창문 너머로 시원한 공기가 훅 들어왔다.

다시 2번 국도에 들어선 나는 서너 시간 페달을 더 돌렸다. 이윽고 아침에 목표했던 포노카Ponoka에 당도했다.

길 위에서 만난
첫 번째 낯선 천사

캐나다, 캘거리

포노카 ○———○ 캘거리(Calgary) 450km

☀ 화창한 나날

여행은 서서히 일상이 되기 시작했다. 저장하고 불러오기가 가능한 비디오 게임처럼 일과가 반복되었다. 아침에는 따듯한 햇살을 받으며 텐트를 정리하고 짐을 챙긴 후, 전날 해 지기 전까지 달렸던 고속도로에서 여정을 다시 이어갔다(이때의 가볍고 선선한 바람은 아마 자전거 여행자만이 즐길 수 있는 특권이리라). 자전거를 타다가 배가 고프면 어딘가 나무 그늘을 찾아 취사를 하고 졸음이 오면 들판에 누워서 낮잠도 잤다. 해가 지면 잘 곳을 찾아다니며 인적 없는 들판이나 현지인의 집 마당에 텐트를 쳤다. 노숙 생활에 익숙해지니 몸은 더러워졌지만 마음은 점점 편안했다. 주변에 눈치 볼 일도 없고 가고자 하는 방향으로 페달만 밟으면 되는 일상이었다.

캘거리에 도착하기 100km 전 고속 도로변 휴게소에 들르기로 했다. 며칠 씻지 못해서 쩔어있는 얼굴이라도 닦으려고 보니 이게 웬걸 무료 샤워 시설이 마련되어 있는 것이 아닌가. 정신을 차려 보니 어느새 나는 웃통을 벗고 몸 구석구석을 닦고 있었다.

청춘 가슴이 시키는 대로

찬물 샤워를 마치고 웃통 벗은 그대로 고속도로를 따라 두 바퀴를 힘차게 굴렸다. 등 뒤에서 순풍이 불어왔다. 자유, 내가 그토록 갈망하던 자유가 바람을 타고 불어와 등을 밀어 주었다. 자전거가 아스팔트 위로 부드럽게 미끄러졌고 몸에 물방울이 마르는 느낌이 상쾌했다. 시속 30km로 흘러가는 풍경에 기분이 짜릿해져 환호성이 절로 내질러졌다. 하루 100km의 이동을 위해 8시간 동안 자전거를 타야 했던 지난날에 비해서 이날은 시원한 바람 덕분인지 6시간 만에 100km를 주파할 수 있었다. 자전거 여행자에게 순풍이란 얼마나 감사한 존재인지. 마침내 지평선 끝에 캘거리 시가지가 눈에 들어왔다. 이정표에 표시된 대로 며칠간 자전거만 주야장천 타다가 막상 목적지에 도착하니까 뭘 해야 할지 감을 잡을 수가 없었다. 커피숍에서 밤이 오길 기다리다 근처 공원에 텐트를 쳤다.

다음 날 캘거리 중심가를 서성이다 한 여성의 집에 초대를 받았다. 오갈데 없던 와중 일주일 만에 실내 취침을 할 수 있을지도 모른다는 기대감은 실로 대단했다. 그녀의 이름은 베렌. 아르헨티나 오토바이 여행자였다. 남자 친구 티토와 남미 대륙을 한 바퀴 돌고 여행 자금을 더 모으기 위해 캘거리에 함께 체류 중이란다.

베렌은 밀린 빨래를 도와주고 매 끼니를 챙겨 주었다. 불편한 건 없는지 항상 먼저 다가와 도움을 주곤 했다. 낯선 나를 항상 친절히 대하는 베렌이 감사하기도, 놀랍기도 했다. 상황이 바뀌어서 내가 집주인이고 이들이 이방인이라면 과연 나는 이들이 대해 준 것만큼 친절을 베풀 수 있을까? 스스로에게 던진 질문의 대답은 아직 'No'였다. 그것을 잘 알기에 베렌의 친절이 더 가슴 깊게 스며들었다.

어느 저녁 베렌이 선보여 준 요리는 토마토 치즈 파스타였다. 금상첨화로 티토가 퇴근길에 와인을 한 병 사왔다. 좋은 사람과 좋은 음식, 그리고 좋은 와인. 더할 나위 없는 최고의 식사였다. 우리는 "샬롯(건배)!"을 외치며 와인 잔을 부딪혔다.

청춘 가슴이 시키는 대로

오붓한 분위기 속에서 우리는 여행기와 각자 나라에 대한 이야기를 주고받았다. 대화 중 티토는 내가 입고 있던 티셔츠가 마음에 든다고 했다. 내 티셔츠에는 안중근 의사의 손도장이 프린트되어 있었다. 왜 네 번째 손가락만 짧은지, 그리고 어떤 의미인지 묻는 티토에게 설명을 잘 해야 한다는 부담감이 들어 오히려 망설여졌다. 안중근 의사는 내가 존경해 마지않는 위인이었지만 그에 관해 영어로 설명하기란 여간 어려운 일이 아니었다.

여행을 다니다 보면 한국에 대한 질문을 종종 받는다. 내가 그들의 문화를 궁금해하듯 그들도 우리의 문화가 궁금한 것이다. 자문화를 잘 알아야 타문화를 더 폭넓게 이해하고 대조적으로 견주어 생각할 수 있는 힘이 길러진다. 다시 말해 가고 싶은 나라에 대해서만 조사할 게 아니라 내가 살아온 나라에 대해서 한 번 더 생각하고 공부해야지만 대화 속 공감 범위가 넓어지고 여행의 풍미가 더욱 깊어지는 것이다.

저녁을 먹으며 베렌과 티토에게 내일 아침 벤프 국립 공원으로 떠날 예정이라고 밝혔다. 베렌은 아쉬워하며 손으로 쓴 예쁜 카드를 건네주었다. 당시에는 카드에 쓰여 있는 스페인어를 읽을 수 없었지만 시간이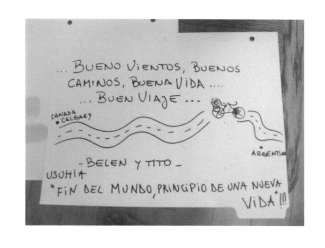 흘러 의미를 알게 되었을 때 내 마음에 잔잔한 파문이 일어났다. 눈물을 글썽이며 배웅해 주던 베렌. 500일이 지나 아르헨티나에 입국했을 때 누구보다 먼저 연락해 주던 그녀는 이번 여행길에서 만난 첫 번째 천사다.

청춘 가슴이 시키는 대로

밴프 국립 공원에서
야생 곰과의 조우

캘거리 ○───○ 레블스토크(Revelstoke) 450km

☀ 맑음

밴쿠버에 가려면 밴프 국립 공원Banff National Park 옆을 지나야 한다. 밴프는 캐나다에서 가장 오래된 국립 공원으로 앨버타주에 위치한 로키산맥 동쪽의 가장자리를 따라 형성된 긴 산줄기다. 호수와 산, 빙하로 이루어진 밴프 국립 공원은 야생동물의 생활 터전이며 해마다 수많은 관광객이 찾는 관광 명소이기도 하다. 나는 밴프 국립 공원을 따라 4일간 450km의 거리를 달렸다. 대부분의 사람들이 차를 타고 관광하기 때문에 자전거를 타고 있는 나를 보고는 클랙슨에 리듬을 실어 울리거나 엄지를 치켜세우는 등 많은 응원을 보내주었다. 종종 현지인이 당부를 건넸는데 그건 바로 곰이 출몰하니 조심하라는 것이었다. 그렇다. 밴프 국립 공원에는 흔히 우리가 불곰이라고 부르는 그리즐리가 서식한다. 야생 곰을 만날 수 있다니! 쾌재를 불렀다. 그런데 길 위에서 야생 곰을 마주치는 것이 과연 행운일까?

저녁때가 다 되어서야 도착한 작은 마을 캔모어는 정말 아름다웠다. 마치 동화 속에 들어온 듯 아기자기했다. 구멍가게에서 간단하게 장을 본 후 마을 가장자리 들판에 텐트를 쳤다. 6월인데도 밤사이 기온이 떨어져 한기

청춘 가슴이 시키는 대로

가 돌았다. 새벽에 자다가 침낭 지퍼를 촘촘하게 여며야 했다. 다음 날 도로 변을 보니 노란 민들레가 길게 뻗어 있었다. 꽃밭 옆으로는 밴프 국립 공원의 자연 속내가 훤히 들여다보였다. 빙하가 녹아서 형성된 강이 회색빛을 띠며 웅장한 소리로 흐르고 형형색색의 천연 색깔이 들판을 가득 채우고 있었다. 자전거를 타며 혼자 자연을 만끽하는 일은 역시 낭만적이었다.

다음 목적지 필드Field까지 50km 정도 남았을 때다. 앞서 달려가던 자동차에서 사람이 내려 다급히 자동차 위에 올라가는 것이 아닌가. 갓길에 차량이 한 대씩 멈추더니 반대편 차선의 자동차들도 도로 한쪽에 자리를 차지하기 시작했다. 어느새 도로 위에는 사람들이 가득 몰렸다. 캐나다 정부가 로드킬 방지 차원에서 쳐놓은 얇은 철창 울타리 너머로 사람들의 시선 끝에는 어미 곰 한 마리와 새끼 곰 두 마리가 있었다.

새끼와 함께 있는 어미 곰은 야생 곰 중 가장 난폭하다는 언질을 받아둔 터라 나는 상당한 거리를 두고 그들을 바라보았다. 흥분한 어미 곰이라면 철창 울타리쯤은 부술 수도 있을 것 같다고 생각했다. 놀란 곰을 더 자극하면 안 됐는데 몇몇 관광객들이 사진을 찍겠다고 바로 앞까지 접근했다. 관심을 끌어 보려고 철창을 흔들기까지 하는 바람에 어미 곰이 놀라 안절부절 못했다. 이내 새끼 곰을 데리고 나무 사이로 가버렸고 곰들은 다시 볼 수 없었다. 희희낙락 사진을 찍어대던 사람을 향해서 뒤에 있던 캐네디언이 화가 나 중얼거렸다.

"자연 소중한 줄 모르는 놈들."

나도 어느 정도 동감했다. 단 한 장의 사진을 위해 무모하게 굴 필요는

없어 보였다. 목숨이 위태로워졌을지도 모를 일인데다 그렇게 곰들을 괴롭혀서 얻어낸 사진이 대체 무슨 의미가 있겠는가. 야생 곰을 조우한 것은 내게 둘도 없는 경험이었지만 새끼와 함께 있는 어미 곰의 입장에선 그 수많은 인간들이 불행으로 다가왔으리라.

곰과 조우한 그날 이후로 며칠은 아스팔트 포장 산길을 달렸다. 무난하고 평화로운 나날이었지만 마지막 관문 하나가 남아 있었다. 밴프 국립 공원을 빠져나가기 전 자그마치 15km가 넘는 산길을 생으로 올라가야 했던 것이다. 아침 댓바람부터 자전거를 끌고 무작정 오르기 시작했다. 6시간 정도 무더위에 웃통을 벗어재끼고 낑낑대면서 오르막길을 올랐다. 도로 보수 공사를 하던 아저씨가 공사장 공터에 앉아 쉬다 가라고 말했는데 내 모습이 그 정도로 안쓰러웠는지 몰랐다. 멋쩍게 웃으며 도로변 계곡물을 떠 마시고

청춘 가슴이 시키는 대로

머리에 끼얹었다. 열기가 한층 가시는 듯 했다.

정상에 다다랐을 때 눈앞에 펼쳐졌던 풍경은 지금도 잊을 수가 없다. 고생 끝에 마주한 광경이기 때문만은 아니었다. 휴게소에서 아껴뒀던 라면을 두 개 끓여 먹었다. '그래, 고통스러운 오르막 다음엔 쾌락의 내리막이지.' 이 날의 최고 속도 시속 60km. 환호성을 지르며 밴프 국립 공원을 빠져나왔다.

환상적인 안개 속
다운힐 레이스

캐나다, 메릿

버넌(Vernon) ○────○ 밴쿠버(Vancouver) 526km

☁ 안개, 비

버넌Vernon을 거쳐 캘로나Kelowna에 도착한 날에는 잘 곳을 찾지 못해 늦은 밤 공원에 텐트를 쳤다. 피곤에 쩔어 한창 곯아떨어져 자고 있을 때 누군가 "You!" 하고 고함을 질렀다. 이른 새벽 마을을 순찰하던 흑인 경찰한테 딱 걸린 것이다. 머쓱한 웃음을 지으며 서둘러 텐트를 정리했다. 새로운 하루가 시작되었다.

캄룹스Kamloops를 지나 1번 국도를 따라서 밴쿠버에 갈 예정이었으나 며칠 전 내린 폭우로 인해 1번 국도가 폐쇄되어 버렸다. 별 수 없이 방향을 틀어 5번 국도를 타고 자전거 바퀴를 굴렸다. 이틀 뒤 도착한 마을 메릿Merritt. 나는 어느 마을에 도착하든지 중심가를 제일 먼저 찾아 평화로이 마을을 한 바퀴 돌아보곤 했다. 낯선 마을 구경은 언제나 설레고 재미있다. 마을을 구석구석 즐길 수 있는 것이 자전거 여행의 가장 큰 장점이리라.

저녁거리를 사기 위해 마트에 들렀다. 한창 값싼 식료품을 찾아 마트 안을 돌아다니는데 한 현지인이 내게 다가왔다. 자전거 여행자라면 왜 윔샤워를 이용하지 않느냐는 것이다. 웜샤워가 뭐냐고 되물으니 자전거 여행자들에게 숙박을 제공해주는 커뮤니티이며 자신이 웜샤워 호스트라 소개했다. 이로써 나는 웜샤워라는 기가 막힌 커뮤니티와 미카엘이라는 이름의 친구를 동시에 알게 되었다.

그는 30대 후반의 남성으로 조금 독특한 사람이었다. 까무잡잡한 피부에 승복 같은 옷을 입고 있어서 종교를 물어보니 신앙심 깊은 불교 신자란다. 동서양 문화가 혼재된 사람이라는 생각이 들었다. 간만에 실내 취침을 할 수 있었고 이야기 할 상대가 있다는 사실에 안쪽이 꽉 찬 스트라이크 공처럼 마음이 가득 메워졌다. 그는 동북아시아의 정치와 역사에 관심이 많았다. 가치관도 재밌는 사람이었다. 그날은 미카엘과 밤늦도록 수다를 떨다가 잠이 들었다.

다음 날 아침, 자전거에 짐을 가득 싣고 길을 떠났다. 1시간 정도 자전거를 타다가 이정표를 발견했다. 밴쿠버 269km. 이정표에 밴쿠버라는 글자가 나오다니 감격스러웠다. 캐나다의 최종 목적지에 금방 닿을 수 있겠다는 생각에 뿌듯한 마음으로 하늘을 올려다보았다. 보람찬 내 기분과 다르게 금방이라도 비가 쏟아질 것 같았다. 회색빛의 옅은 구름에서 부슬비가 공기 중에 흩어져 뜨겁게 달아오른 아스팔트 위를 촉촉하게 적셔 주었다. 적당한 오르막과 평지, 그리고 내리막이 반복되는 길. 나쁘지 않은 코스다. 다만 산속으로 들어갈수록 안개가 짙어져서 문제였다. 안개 속으로 들어갈 즈음 가랑비가 내렸고 몸이 축축 늘어졌다.

청춘 가슴이 시키는 대로

오후 내내 비를 맞으며 70km 정도를 달렸다. 시야 확보가 어려워서 더 이상의 라이딩은 위험하다고 판단했다. 도로변에 잘 곳을 찾아 30분가량 헤맸다. 그러던 중 도로변에 안내판 하나가 내 마음을 바꿔 놓았다. 죽음을 불사하고 불빛 속에 뛰어드는 불나방처럼 무엇인가에 홀린 듯 안내판에 다가갔다.

'전방에 다운힐 17km.'

좀처럼 찾아오지 않는 기회를 놓칠 수야 없지. 자전거 방향을 틀어 안장 위에 올라탔다. 위험하다는 걸 알면서도 몸은 이미 출발선에 서 있었다. 처음엔 긴장하며 브레이크를 몇 번 잡았는데 손을 놓은 순간 가속도가 붙기 시작했다. 풍경이 빠른 속도로 변해갔다. 화물차를 제쳤을 때의 쾌감은 이루 말할 수 없다. 최고 시속 70km! 1시간이 넘게 미친 듯이 하강 곡선을 탔고 나는 연신 소리를 질러댔다. 바퀴에서 빗물이 튀겼다. 땀과 섞여 오만데가 범벅이 됐다. 얼굴과 가방, 옷이 흠뻑 젖었지만 이 순간 그런 건 중요하지 않았다. 빠르게 다가오는 도로 위 장애물을 피하는 것만으로도 여념이 없었다. 인간이 느끼는 기본적인 감각을 완전히 배제하고 시각과 청각에 모든 감각을 곤두세운 초인적인 집중력은 온몸에 전율과 쾌락을 주었다. 비와 안개, 시원한 다운힐! 여행 통틀어 세 손가락 안에 꼽히는 라이딩이다.

2

UNITED STATES OF AMERICA

국경을 넘어
남쪽으로

캐나다, 밴쿠버

밴쿠버(Vancouver) ○───○ 포틀랜드(Portland) 721km

☀ 맑음

캐나다의 마지막 도시였던 밴쿠버에서 일주일간 휴식을 취했다. 밴쿠버에서 미국 국경까지는 60km. 국경 마을 화이트록White Rock에서 잘 곳을 찾아다니다가 마구간 앞에 텐트를 쳤다. 다음 날 시장에서 애플파이를 하나 사먹고 국경을 향하기로 했다.

미국 국경은 생각보다 더 경계가 삼엄했다. 무슨 말만 하면 무장한 경찰이 소리를 지르며 쫓아왔다. 무슨 얘기 했는지를 캐묻는데 나는 그저 어디에 줄을 서야 하는지 몰라 다른 사람에게 물어봤을 뿐이었다. 입국 심사관이 내 귀중품을 샅샅이 뒤졌다. 자전거 여행 중이라 밝히니 통장 잔고를 보여주면 보내 주겠단다. 의심되는 듯 가방을 거칠게 뒤지고 힙색을 풀어헤쳤다. 여권을 찾는 것 같아 꺼내 주려고 단상 위로 손을 올리자 나의 이런 돌발 행동이 자기를 미치게 만든다며 정색을 한다. 당황한 나는 가만히 있을 수밖에 없었다.

1시간 정도 흐른 뒤, 그들은 내부 상의 끝에 입국을 허가해 줬다. 입국 심사 비용은 USA 6달러. 환전을 해 두지 않아서 캐나다 달러밖에 없다고 말하자 USA 달러가 아니면 돈을 받지 않겠다고 윽박질렀다. 거참 예민하네. 차로 5분 거리에 있는 주유소에서 돈을 인출하고 돌아와 입국 심사 비용을 지불했다. 그제야 입국 심사관은 흐뭇한 표정으로 나를 풀어주었다. 문득 캐나다를 여행 중에 만난 한 캐네디언이 떠올랐다. '미국인은 돈밖에 몰라. 국경에서는 언제나 나를 괴한 취급한다구.'

미국에 입국하고 난 뒤 많은 악재가 겹쳤다. 고속 도로를 달릴 때 자전거 바퀴에 펑크가 나서 경찰이 두 번이나 출동했던 일, 현지인 집 마당에 캠핑을 허락받으려다 꾸중만 들었던 일, 놀이터에서 잠들었다가 민원을 받아 한밤중 텐트를 접어야 했던 일, 카메라 센서가 고장 나서 100달러 넘게 썼던 일, 시애틀 빈민가에서 취사하다가 흑인한테 욕먹은 일… 긍정적이고 낙관적인 나도 미국에 부정적 인식이 생길 수밖에 없었다.

첫인상이 좋지 않은 미국. 불길한 예감은 왜 항상 들어맞을까? 그나마 자잘한 불행들은 금방 잊을 수 있었지만 포틀랜드Portland에 도착했을 때 나는 여행을 중단해야 할지도 모를 최대 위기에 봉착했다. 가슴에 품고 있던 오랜 꿈이 그대로 산산조각 나는 듯했다.

BRETHREN·DWELLING·TOGETHER·IN·UNITY

MAY THESE GATES NEVER BE CLOSED

STOP
LINE

the United States

비상!
전 재산을 도난당하다

0km

☁️☀️ 맑았지만 우울한 나날

포틀랜드는 미국에서 세 손가락 안에 들 정도로 자전거 인프라가 잘 갖춰진 도시다. 많은 사람들이 취미, 운동 또는 출퇴근 교통수단으로 자전거를 이용하고 있다. 그만큼 자전거를 노리는 도둑도 많아서 미국에서 자전거 도난 사건이 가장 많이 발생하는 도시로 악명이 높다.

일본 유학 시절 친하게 지냈던 호진 형이 미국 포틀랜드에서 공부 중이라는 소식을 접했다. 안 그래도 미국에 입국하고부터는 정신적으로 피로했던 터라 포틀랜드에 도착하면 조금은 쉬려고 했다. 호진 형과 2년 만에 재회하니 정말 반갑고 기뻤다.

호프집에서 회포를 풀고 숙소로 돌아가기 전 잠시 마트에 들렀을 때다. 15분 정도 흘렀을까. 맥주를 사고 나왔는데 마트 앞에 묶어 둔 자전거가 감쪽같이 사라지고 없었다. 방망이로 머리를 얻어맞은 듯 머리가 띵했다. 처음에는 출구를 잘못 나왔구나 싶은 생각에 후문으로 나가보았다. …역시 내 자전거는 도둑맞은 것이 맞았다. 자전거를 포함해서 600만 원가량의 여행

장비를 모두 도난당한 것이다! 일순 상황 파악이 되지 않았다. 머리가 새하 얘진다는 표현을 통감한 순간이다. 재빠르게 마트 주변을 한 바퀴 돌아봤 지만 소용없었다. 자물쇠를 끊고 자전거를 훔쳐 갈 정도로 계획된 범죄라면 주변에 흔적이 남아 있을 리 없었다.

아무 소득 없이 숙소로 돌아갔다. 소득이 아니라 마이너스가 된 채였다. 수중에는 카메라, 여권, 카드가 들어있는 지갑과 휴대폰뿐이었다. 당장 갈아 입을 속옷도 없어서 호진 형의 속옷을 빌려 입어야 하는 실정. 암울했다. 꿈 이 한순간에 멀어진 듯했다. 한참을 고민하다 침대에 쓰러지듯 누워 설핏 잠이 들었다. 억울하고 분했는지 2시간 만에 눈이 떠졌다. 감정이 북받쳐서 어둠 속에 혼자 흐느껴 울었다.

'한국으로 돌아가야 하나.'

다음 날 정신을 차리고 이성적으로 대처해 보았다. 내가 생각한 세 가지 방법은 이러했다. 첫째, 남은 돈으로 중고 장비를 구입하고 여행 기간을 절 반 줄인다. 둘째, 배낭과 침낭만 사서 히치하이킹으로 남미까지 간다. 셋째, 귀국 후 여행 자금을 다시 마련해 미국으로 돌아온다. 여러 가지 고민을 거 쳐 봤지만 그 어느 것도 실행에 옮기고 싶지 않은 절망적인 심정이었다. 일 단 지푸라기라도 잡아야 하니 CCTV 영상을 토대로 범인을 추적하겠다는 경찰의 말을 믿고 기다렸다. 그러나 며칠이 지나도록 연락은 없었다. 시간은 하염없이, 기약 없이 흘러만 갔다.

침대에 반쯤 걸터앉아 무력하게 휴대폰을 만지작댔다. '한국으로 돌아가려면 어떤 비행기 표를 사야 할까. 경유는 몇 번이든 좋으니 가격이 싼 비행기 표를 사는 게 좋겠지.' 조금이라도 더 싼 비행기 표를 구하려 애쓰는 모습이 나답지 않게 느껴졌다. 부글부글 반발심이 끓어올랐다. 굴복하고 싶지 않았다. 더 나은 결말이 있을 거라는 본능적인 믿음으로 방법을 모색했다.

'이렇게 끝낼 순 없어. 끝까지 발버둥 쳐볼 거야. 내 꿈을 포기하고 싶지 않아.'

책상에 앉아 글을 쓰기 시작했다. 알리고 싶은, 알려야 하는 나의 이야기. 누군가는 읽어줬으면 하는 간절한 소망을 담아 멈추지 않고 계속 써 내려갔다. 그러자 자전거 페달을 돌리면 바퀴가 돌아가듯, 앞으로 나아갈 때 변해 가는 풍경처럼, 염원을 담은 나의 메시지에 포틀랜드가 조금씩 꿈틀거리기 시작했다.

Take Min on
the road

미국, 포틀랜드

0km

☀ 기분이 맑음

포틀랜드 지역 신문사, 방송국, 페이스북에 자전거 도난 소식을 알리고 하루가 지났다. 지역 사람들이 금세 내 글에 공감하기 시작했고 자신들이 도와줄 건 없는지 물어왔다. 따듯한 위로의 말 한마디가 큰 힘이 된다는 걸 느끼고 있을 즈음 '브라이언 핸스'의 메시지가 마음에 꽂혔다.

"헤이 친구, 절대로 포기하지 마! 우리 포틀랜드는 너를 다시 길 위로 돌려보낼 거야."

지난 10년간 포틀랜드에서 도난 자전거를 찾아주는 일을 해온 그는 확신에 찬 말투로 나를 대해 주었다. 강력한 기운과 자신감마저 느껴졌다. 포틀랜드에서 브라이언의 영향력은 대단했다. 자신이 알고 있는 신문사, 방송국 직원들에게 이 이야기를 전해 준 것만 해도 놀라웠는데 순식간에 몇몇 방송국에서 내게 인터뷰를 요청해온 것이다. 얼떨떨한 채로 오전 오후 인터뷰를 마친 바로 그날 저녁, 포틀랜드 전역에 나의 슬픈 뉴스가 방송되었다. 그 자체만으로도 이미 보상받는 기분을 느꼈다.

미디어의 파급 효과는 실로 엄청났다. 방송 후 비교할 수 없을 만큼 많은 관심이 쏟아졌다. 만난 적 없는 사람들이 도와주고 싶다며 연락을 걸어왔다. 포틀랜드 라디오 방송국에서 일하는 일본계 미국인 '제나 요코야마'는 머무를 곳 없는 나를 집으로 초대했다. 그러고는 매니저를 자처하며 영문 서류, 통역 일을 담당해 주었다. 제나와 브라이언은 서로 일면식이 없는 사이였지만 나를 돕겠다는 일념 하나로 서로 연락을 주고받았다. 일정을 잡을 때 브라이언의 추진력에 모든 것들이 일사천리로 진행되었다. 며칠 뒤 포틀랜드의 작은 맥줏집에서 기부회가 열렸다.

'Take Min on the road.'

이날의 슬로건이다. 맥줏집에 도착했을 때 생각보다 더 많은 사람들이 나를 기다리고 있어서 뒤집어지게 놀랐다. 며칠 전 인터뷰를 했던 방송국 직원들도 보였고 포틀랜드 한인회에서도 소식을 들었는지 발걸음을 해주었다. 대부분 처음 보는 사람들이었다. 그중에 브라이언도 있었다. 나는 말없이 다가가 그를 끌어안았다. 한없이 고마운 마음에 꽉 껴안았다. 브라이언도 웃으며 나의 포옹을 받아주었다. 나는 행운아다. 가장 큰 위기에 잊지 못할 사람을 만났으니까.

"해마다 많은 사람들이 포틀랜드에서 자전거를 도난 당하는데, 왜 저만 특별하게 뉴스에 소식을 보내고 기부회를 열어 주신 건가요?"
"아메리카 자전거 종단을 나섰던 한국인 청년이 포틀랜드에서 꿈이 접혔다, 라는 신문기사를 보고 싶지 않았어. 너의 긴 여행이 우리 동네에서 끝난다면 마음이 좋지 않을 것 같았지."

청춘 가슴이 시키는 대로

대답은 유쾌했지만 그 안에 굳은 이유가 있었다. 나는 울먹였다. 눈물이 쏟아지려 했다. 하지만 넋 놓고 감동받을 시간이 없었다. 맥줏집 손님들이 죄다 '미스터 킴'을 찾았기 때문이다. 나에게 아무런 해를 끼치지 않은 사람들이 진심 어린 사과를 건넸다.

"우리 동네에서 이런 일이 생기다니 정말 미안해. 포틀랜드는 네가 생각하는 만큼 나쁜 사람들만 있지는 않아. 포틀랜드를 나쁘게 생각하지 말아줘."

따듯한 위로와 함께 주머니에 고이 접어둔 20달러를 꺼내 내게 건넸다. 편지와 10달러, 20달러, 50달러의 지폐들. 그들이 원하는 건 단 한 가지였다. 내가 여행을 계속 이어 나가는 것. 이제 이 여행은 나만의 것이 아니었다. 먹먹한 가슴을 진정시키고 있을 즈음 방송국 리포터가 인터뷰를 요청해 왔다.

"지금 심정이 어떠신가요?"
"영화 같아요. 이런 일이 나에게 일어난 게 꿈만 같다구요!"

환한 미소를 지으며 대답했다. 이날은 여행을 시작하고 가장 많이 웃은 날이다.

기부회는 저녁이 되어서야 끝이 났다. 제나의 집으로 돌아와서 두툼하게 쌓인 돈다발과 편지를 보니 문득 이런 생각이 들었다.

'40일 전에 한국을 떠나올 때는 혼자였는데, 더 이상 나는 혼자가 아니구나.'

정성 어린 편지를 읽으며 현지인들의 아낌없는 베풂에 진심으로 감동받았다. 자전거를 도난당한 일주일 전에는 좌절과 슬픔에 울음을 터트렸는데 이번엔 감동과 기쁨에 눈물을 흘렸다. 이러나저러나 포틀랜드 온 이래로 내내 울보처럼 울기만 한 것 같다.

사자성어 '전화위복'이란 단어가 떠올랐다. 전 재산을 도난당하지 않았다면 이렇게 좋은 사람들과 연이 닿을 수 있었을까. 그들은 내 잔잔한 물결에 반응해 큰 파도를 일으켜 주었다. 은빛 날개가 뜯겨 날 수 없는 잠자리가 다시금 날개를 가지게 된다면 이런 기분이겠지. 따듯한 말 한마디와 기부금, 여행을 지속할 수 있게 된 희망과 용기, 모든 것을 선물 받았다. '세상은 더불어 살아가는 곳'이라는 믿음을 한층 더 굳게 만들어준 것이 가장 감사했다. 이 깨달음은 마음속에 아주 귀중히 오래도록 남을 테니까.

그 이후 나는 라디오 DJ 제나의 집에 머무르면서 여러 도움을 받았다. 제나는 내가 포틀랜드에서 여행 준비를 다시 완벽하게 할 수 있도록 물심양면 도와주었다. 필요한 물품을 찾을 때마다 아웃도어 매장이나 자전거 숍까지 차로 태워 주기도 하고 자신이 쓰는 좋은 캠핑 용품을 소개해 주기도 했다. 잃어버린 여행용품을 다시 모으는데 3주가 넘게 걸렸다.

포틀랜드를 떠나기 이틀 전 제나가 라디오 방송국에 나를 초대했다. 녹음실에서 인터뷰가 진행되었고 여행과 꿈이 이날의 인터뷰 주제였다. 인터뷰가 끝날 즈음 제나가 내게 인사를 건넸다.

"우리 집에 머물러 줘서, 같이 밥 먹고 밤늦도록 이야기 나눠 줘서, 함께 웃어 줘서 고마워."

제나는 울먹이고 있었다. 제나의 말을 듣는 나도 코끝이 찡했다. 감사의 인사를 해야 할 사람은 나인데… 이별이 다가온다고 생각하니 아쉬움이 몰려왔다. 다음을 기약할 수 없어서 가슴이 더 뜨겁게 아렸다. 이별에 익숙해지려면 시간이 더 많이 필요할 것 같았다.

여행을 마치고 한국에 돌아가서도 포틀랜드에서 만났던 인연들은 절대 잊지 못할 것이다. 앞으로 다시 떠나는 여정에서도 혼자가 아닐 거라 가르쳐 준 소중한 은인들이기 때문이다.

청춘 가슴이 시키는 대로

다시 길 위로
돌아가다

미국, 세일럼

포틀랜드(Portland) ○———○ 세일럼(Salem) 72km

☀ 폭염

 아스팔트에서 뿜어져 나오는 열기가 너무 뜨거워서 운동화 밑창이 녹아 내릴 것만 같았다. 여태까지 경험하지 못한 상상 이상의 더위였다. 포틀랜드를 떠나는 날 자전거에 올라타면서 한 달 만이라 힘들 것이라 예상했음에도 30분 이상 도로 위에 있으면 머리가 띵하고 어지러운 것이 아무래도 이상했다. 나중에 알고 보니 이날은 섭씨 43도의 기록적인 폭염을 보인 날이었다. 어쩐지 길가에 사람이 없더라니. 도로변에 종종 스프링클러가 눈에 들어왔다. 자전거를 세워두고 달려가 세수를 하고 머리를 감았다. 분명 옷이 흥건하게 젖었음에도 자전거 20분이면 옷이 다 말라 버렸다.

해 질 녘까지 70km 정도 달려서 도착한 작은 마을 세일럼salem. 현지인 집 앞에 캠핑을 허락받았다. 창고에서 짐을 정리하고 있던 테리 아저씨는 불과 3일 전까지 경찰이었지만 지금은 백수가 됐다는 미국식 개그로 자신을 소개했다. 집에서 샤워도 시켜주고 시원한 맥주도 건네는 등 친절을 베풀어준 그의 가족과 함께 밤늦도록 이야기를 나눴다. 어느 순간 졸음이 쏟아져서 텐트로 돌아가 잠을 청하려고 하니 아들 게이브가 다가와 구글 번역기를 재생시켰다.

"새벽에 화장실이 급하면 현관문을 똑똑 두드리세요."

음성이 변조된 한국어 기계음이 휴대폰에서 흘러나왔다. 피식 웃으며 게이브에게 고맙다고 말했다.

청춘 가슴이 시키는 대로

　다음 날 일찍이 길을 떠나려고 자전거에 짐을 꾸리는데 테리 아저씨가 같이 아침 식사를 하지 않겠느냐고 권했다. 감사한 마음으로 함께 근처 레스토랑으로 이동했다. 식사를 하면서 테리 아저씨의 아들 게이브가 나랑 동갑이라는 사실을 알게 되었다. 그가 서른을 거뜬히 넘긴 줄 알았던 나는 당혹감을 감출 수 없었다. 치킨가스를 썰면서 게이브에게 나는 몇 살로 보이는지 물었다.

"음, 한 29살?"

　경악스러웠다. 우리는 스물여섯 동갑인데 서로를 노안이라고 생각했던 것이다. 나는 노안으로 보이게 된 이유를 검게 그을린 피부 탓으로 전부 돌리기로 했다.

아홉 남매
천사들의 합창

미국, 할시

세일럼(Salem) ○───○ 할시(Halsey) 72km

☀ 폭염

　중앙 분리대가 없는 프리웨이Freeway. 그 길을 자전거로 달린다고 하면 놀라는 현지인들이 많다. 위험하지 않은지 걱정하는데 실제로 자전거를 타 보면 일반 도로보다 갓길이 넓은 프리웨이가 훨씬 안전하게 느껴진다. 다만 40도가 넘은 기온이 문제였다. 오전 중에는 더위를 버틸 만하지만 정오가 넘어가면서부터는 아스팔트가 뜨겁게 달구어져 견디기 힘들었다. 1시부터 4시까지가 하루 중 가장 뜨거운데 나무 그늘이라도 찾지 않으면 땡볕에서 탈진해 쓰러지기 딱 좋았다. 문제는 들판이 끝없이 펼쳐져 있어서 나무 한 그루도 찾기 힘들다는 것이었다.

　그날은 아스팔트로 포장된 5번 프리웨이를 달렸다. 휴식이 필요해서 프리웨이를 벗어나 나무 그늘을 찾아다녔다. 30분이 넘는 시간 동안 우여곡절 끝에 발견한 나무 한 그루. 자전거를 세워두고 잔디밭에 누웠다. 주섬주섬 자전거 패니어에서 음식을 꺼내 허기를 달래고 있는데 누군가 고사리 같은 손으로 음료를 건넨다. 나의 시선은 시원해 보이는 음료부터 손끝을 따라 얼굴로 옮겨갔다. 초등학생으로 보이는 소녀가 나를 쳐다보고 있었다. 이

　　　　　　　　　　　　　　청춘 가슴이 시키는 대로

렇게 귀한 것을 주다니. 그렇지만 얻어 마시기 미안해서 괜찮다고 거절했다. 그러자 꼭 필요해 보여서 주는 거란다. 고마운 마음으로 음료를 한 모금 마셨다. 더위에 탈진한 나에게 아이가 준 음료는 최고의 자양강장제였다.

기분이 좋아진 나는 소녀와 이야기를 나누기 시작했다. 그러기를 10분쯤, 저 멀리 집에서 꼬마 아이들이 우리 쪽으로 달려왔다. 공터라 생각해 쉬고 있던 이곳은 아이들의 집 마당이었다. 집주인 아주머니에게 감사 인사를 전하고 다시 길을 떠나려는데 바쁘지 않으면 오늘 집에서 쉬고 가라신다. 크리스턴 아주머니 가족과 인연이 맺어진 순간이다.

초대된 집에서 샤워를 마치고 나오자 아이들이 기다렸다는 듯 우르르 몰려와 질문 세례를 퍼부었다. 그러고는 내 손을 끌고 마당으로 데려가 작은 수레에 앉혔다. 가만히 앉아 있으면 된다며 수레를 끌고 마당 안을 전력

으로 뛰어다니는데 캐나다에서 시속 70km 속도로 빗길을 내려올 때보다 더 아찔했다. 아이들과 술래잡기도 하고 트램펄린 위에서 땀 흘리며 폴짝폴짝 뛰기도 했다. 가장 막내인 크리스찬과 헤즈카이야는 내 몸의 일부분이 된 듯 착 붙어서 새로운 놀이를 요구했다. 밤늦도록 꼬마 전사들과 사투를 벌이다 보니 눈꺼풀이 점점 내려갔다. 이렇게 패배하는구나. 전투에서 지고만 나는 마룻바닥에 지쳐 쓰러져 눈을 감았다. 나의 죽음을 적에게…

청춘 가슴이 시키는 대로

다음 날 아침, 아이들이 분주하게 책가방을 메고 학교 갈 준비를 했다. 통학 버스를 기다리는 줄 알았는데 둥근 책상에 둘러앉아 책을 펴놓고는 선생님을 기다린다. 아이들의 선생님은 바로 엄마, 크리스턴 아주머니였다. 근엄한 선생님 앞에서 장난꾸러기들은 순한 양이 되었다. 40분의 수업 시간 그리고 10분간의 휴식. 쉬는 시간이면 아이들은 거실에서 스케이트보드를 탔다. 학교와 집, 교실과 운동장이 모두 같은 공간에서 이루어지는 모습이 신기했다. 웃음이 떠나가지 않는 집이었다.

이틀 동안 아이들과 정이 많이 들었다. 여행 마치고 또 놀러 오라고 했지만 확답해 줄 수 없었다. 헛된 희망을 심어 줄 것 같았기 때문이다. 씩씩한 인사로 대신하며 서로에게 행운을 빌어주었다. 길을 나설 때 맨발로 쫓아오며 손을 흔들던 아이들의 모습이 시간이 흐른 지금도 눈앞에 선하다.

대마초와 데킬라,
날뛰는 자유

미국, 메드퍼드

할시(Halsey) ○─────○ 메드퍼드(Medford) 306km

☀ 폭염

오리건 주의 마지막 도시 메드퍼드Medford를 향할 때였다. 휘파람을 부르며 기분 좋게 내리막을 내려오는데 갑자기 왼쪽 어깨에서 따끔! 통증이 느껴졌다. 자전거를 세우고 아픈 부위를 쳐다보니 말벌 한 마리가 대롱대롱 매달려 있었다. 침착하게 손가락을 튕겨서 힘없는 말벌을 날려버렸다. 벌침 박힌 곳이 생각보다 아리고 욱신거렸다. 어깨를 움켜쥐고 나무 그늘에 잠시 앉아 가빠진 호흡과 상처 부위의 붓기를 가라앉히기로 했다.

해 질 녘 피로감을 느끼며 자전거를 끌고 오르막을 오르는데, 어떤 운전자가 나를 보며 환호성을 쳤다. 이내 트럭이 내 앞에 멈춰 섰다. 그의 이름은 라이언. 짧은 노란 머리에 선글라스를 쓴 백인 청년이었다. 도와주겠다는 좋은 친구를 만나 기쁜 마음으로 자전거를 실었다. 그때 누군가 트럭 뒷좌석에서 뛰어내렸다. 돌아보니 한 여자가 팬티 한 장만 걸친 채 다가오는 것이 아닌가. 인사를 주고받으며 첫인상 한 번 굉장히 강렬하다고 생각했다. 라이언은 머뭇거리는 나를 보며 산 정상까지 태워줄 테니 부담 갖지 말라고 했다. 아니, 부담이 아니라…

청춘 가슴이 시키는 대로

트럭에 타자마자 라이언이 테킬라를 권했다. 자전거를 타야 해서 거절했더니 그럼 목적지 메드포드까지 쭉 태워 주겠단다. 슬며시 미소가 나왔다. 편하게 갈 수 있겠다는 안도감이 찾아와 에라 모르겠다, 하며 테킬라를 받아들였다. 스피커에서 '테킬라 Boom! Boom!'이 흘러나왔다. LMFAO의 음악인 듯 했다. 친구들이 'Shot! Shot! Shot!' 하며 호응했고 나는 라이언이 준 테킬라를 또 한 번 원 샷 했다. 한순간에 트럭 안은 클럽이 되었다. 조수석에 앉아 있던, 드레드락으로 한껏 멋을 낸 조쉬는 라임을 잘라 내 입에 넣어줬다. 마음에 든다는 친밀감의 표시였다. 테킬라 병은 뒷자리에 앉은 세 명을 거쳐 조쉬에게 그리고 라이언에게 넘어갔다.

'응?'

그렇다. 라이언은 운전 중이었다. 한 손으로 핸들을 쥐고선 한 손으로는 테킬라를 꺾어 마셨다. 뻥 뚫린 도로 위에서 트럭이 차선을 넘나들며 광란의 팝핀 댄스를 췄다. 클럽 노래의 영향인지 라이언의 몸속에 스며든 알코올의 영향인지는 모르겠지만 트럭은 위험천만한 롤러코스터 같았다.

옆에 앉은 친구들이 주머니에서 담배를 꺼내는가 싶더니 이내 불을 붙였다. 처음 맡아보는 구수한 냄새. 물어보니 대마초였다. 대마초를 몇 모금 빨아들인 여자들은 가슴을 풀어헤치고 음악에 몸을 맡겼다. 내 손을 잡아 자기 젖가슴에 갖다 대기도 했다. 술에 취했는지 대마에 취했는지 몸을 제대로 가누지 못하던 사람들. 자신들은 예술가고 대마를 하면 색깔이 더 선명해지며 음색이 섬세하게 들린다고 했다. 예술은 우리와 가까이 있고 꼭 필요하지만 적어도 마약과 술, 음주 운전에 의한 작품은 감상하고 싶지 않왔다. 계속 대마초를 권하기에 나는 담배도 안 피우고 한국에서 대마초 흡연은 중범죄라며 거절했다. 그러자 큰소리로 웃어댔다. 예술가로서 자유를 만끽하고 싶다면 그 이면에는 깊은 책임 의식이 있어야 하지 않은가. 나도 자유를 사랑하지만 자유에는 언제나 책임이 따른다. 잠시나마 흥겨웠던 마음이 공기 중으로 증발해 버렸다.

메드포드에 도착해서 인터넷을 이용할 수 있는 카페 앞에 자전거를 내렸다. 유독 나에게 친밀감을 드러내던 조쉬는 근처가 집이라며 초대했지만 응하지 않았다. 감사의 표시만 전하고 헤어지는 게 좋을 듯 했다. 나중에 알게 된 사실인데 메드포드는 미국에서 대마초로 유명한 도시였다.

99년 만의
개기일식

레딩(Redding) ○────○ 샌프란시스코(SanFrancisco) 485km

🌙 99년 만의 개기일식

    캘리포니아 주 인구 밀도가 가장 높은 도시, 샌프란시스코에 도착한 날은 심신이 다 피곤했다. 5일간 450km를 달렸으니 지칠 법도 했다. 돈 아끼는 것도 좋지만 쉬어야겠다는 생각이 앞섰다. 그렇다고 호텔에서 묵을 순 없으니 숙박비가 저렴한 한인 민박을 찾아다녔다. 매일 밤 다른 여행자들과 맥주를 마시며 대화를 나누었다. 개성, 뚜렷한 가치관, 다양한 직업을 가진 이들과 어울리는 하루하루가 무척 즐거웠다.

    그중 하루는 자동차로 미서부를 여행 중인 한국인 부부와 근처 관광을 나갔다. 대화하는 내내 어깨가 으쓱 올라갔는데 자전거로 먼 거리를 여행하는 내가 대견하다며 칭찬 일색이었기 때문이다. 부부는 경청하며 호응했고 나는 계속해서 여행담을 늘어놓았다. 한참 뒤 자만한 것은 아닌지 약간 쑥스러워져서 화제를 돌렸다.

"그런데 두 분은 한국에서 어떤 일을 하고 계시나요?"
"저는 의사입니다. 저희 아내는 선생님이고요."

나는 뜨끔했다. 의사와 선생님이라니 사회에서 존경받는 직업이 아닌가. 사적으로 대화하기 어려운 사람들 앞에서 혼자 잘난 듯이 떠들어댔다니 부끄러워졌다. 이 시간을 통해 나는 한 가지 사실을 깨달았다. 사회적 지위가 높은 사람들은 오히려 겸손하고 예의 바르다는 것. 다른 사람의 이야기에 귀를 기울이며 좋은 점을 찾고 배우려고 한다는 것 말이다. 직업을 떠나 나도 그러한 사람이 되리라 다짐했다.

3일간 휴식을 취하고 샌프란시스코를 떠나며 다시 길 위에 올랐다. 갑자기 그늘이 진 듯 하늘이 어둠에 잠겼다. 이상하다 싶어 주위를 둘러보니 사람들의 시선이 모두 하늘을 향하고 있었다. 99년 만의 개기일식이라고 했다. 달이 태양을 가리는 진귀한 장면을 가슴에 담고 다시 한 번 되뇌었다.

'조금 더 겸손해지자. 조금 더 경청하자.'

개기일식은 오로라 이후 새로 마주한 자연 현상으로 또 한 번 나에게 좋은 징조로 다가왔다.

the United States

라스베이거스에서의 추억?
노숙!

미국, 라스베이거스

로스앤젤레스(Los Angeles) ○———○ 라스베이거스(Las vegas) 430km

☼ 폭염

　　네바다 주에 위치한 라스베이거스는 사막 위에 지어진 도시다. 합법적으로 도박을 즐길 수 있는 관광지라는 점이 큰 특징이다. 할리우드 영화의 촬영지로 유명한 만큼 라스베이거스에서는 돈에 구애받지 않고 관광을 해 보고 싶었다.

　　며칠간 머물고 있던 숙소에 자전거와 짐을 맡겨 놓고 라스베이거스로 향했다. 로스앤젤레스LA에서 라스베이거스Las vegas까지는 버스로 5시간 정도의 거리다. 버스 의자에 앉아 몇 시간 꾸벅꾸벅 졸다 창밖을 보니 휘황찬란한 도시가 눈에 들어왔다. 버스에서 내려 카메라를 맨 채 홀로 도시를 배회했다. 도로변에 보이는 고급 호텔에 들어서면 잭팟을 돌리고 있거나 카드 게임을 즐기는 사람들로 인산인해를 이루었다. 날이 선 와이셔츠에 귀여운 나비넥타이를 맨 딜러, 한 손에는 맥주를 들고 다른 한 손으로는 카드를 슬쩍 들춰보는 손님들. 도박장에 있는 모두가 품위 있게 게임을 즐기고 있었다. 분위기에 취해서 참여해 보려 했지만 죄다 잃을 것이 안 봐도 비디오라 관두었다.

　　　　　　　　　　　　　　　　　　　　　청춘 가슴이 시키는 대로

도박장을 나와 편의점에 들러서 맥주 한 캔을 샀다. 맥주를 마시며 노을이 지는 라스베이거스 거리를 홀로 둘러 보았다. 화려한 호화로운 건물과 부대끼는 인파. 그 속에서 이질감이 느껴졌다. 섞이지 못한 마음은 알 수 없이 자꾸만 이곳을 떠나고 싶게 만들었다. 그럼 떠나면 될 일. 바로 내일 돌아가기로 마음먹었다. 피곤함이 몰려와 허름해 보이는 여관에 들어갔는데 주인이 숙박비로 70달러를 요구했다. 나에겐 너무 거금이었다. 바로 인사하고 나와 어둠 속을 터벅터벅 걷기 시작했다. 처량한 내 모습을 대변하듯 부슬비가 내렸다.

영업시간이 지나 어두운 쇼핑몰 벤치에서 꾸벅꾸벅 졸다가 순찰 중인 경비원 코니를 만났다. 코니에게 몇 시간 비를 피할 수 있는 곳을 물어보자 그는 곰곰이 생각하더니 장애인 화장실 문을 열어 주었다. 밤늦게 만난 이 방인에게도 친절을 베풀어준 그가 고마웠다. 동시에 민폐를 끼쳐가며 여행하는 나 자신에게 회의감이 들었다. 새벽 두 시가 지나서야 화장실 문을 걸어 잠그고 바닥에 누워 잠시 눈을 붙였다. 두 시간쯤 지났을까. 무언가가 허벅지 위를 기어갔다. 눈을 떠보니 엄지손가락만 한 바퀴벌레다! 머리카락이 곤두서서 옆에 있는 운동화로 마구 내리쳤다. 바퀴벌레가 납작하게 운동화 바닥에 달라붙어 버렸다. 이후 찜찜함에 잠을 잘 수가 없어서 아침까지 뜬 눈으로 밤을 지새워야 했다.

오전 6시, 화장실을 나와 버스 터미널을 향했다. 떠오르는 태양을 마주하니 눈가가 반쯤 찡그려졌다. 입꼬리를 조금 올려 혼잣말을 내뱉었다.

"오늘 하루도 잘 버텼구나. Good morning이다."

로스앤젤레스로 돌아와서는 프리웨이 휴게소에서 만난 대학교수 윌리엄 할아버지에게 연락했다. 내 소식을 반가워하며 터미널로 마중 나온 윌리엄 할아버지는 저녁을 함께 하자며 캘리포니아 주 요트협회 회원만 이용할 수 있는 회원제 레스토랑으로 데려갔다. 최고급 스테이크가 눈앞에 서빙되자 기분이 오묘했다. 바로 어제 장애인 화장실에서 바퀴벌레를 때려잡던 여행자가 오늘은 고급 레스토랑에서 소고기를 썬다니. 여행 한 번 참 스펙터클 하네.

여행에는 인생이 담겨 있다고들 한다. 굴곡이 많은 길도 어쨌든 목적지를 향하고 있기 때문일 테다. 중요한 것은 계속 나아가는 것. 지금은 가난한 여행자지만 훗날 누군가에게 최고급 스테이크 사줄 것을 생각하며 접시에 남은 스테이크 소스를 핥아먹었다.

국경을 넘나드는
가족

미국, 포트레로

로스앤젤레스(Los Angeles) ○────○ 포트레로(Potrero) 345km

☀ 맑음

    로스앤젤레스를 떠나고 며칠간 1번 국도를 따라 해안 도로를 달렸다. 캘리포니아 주의 해안가는 은퇴한 부부가 여생을 보내는 곳이라는 말이 있을 정도로 매력적인 곳이다. 10m가 넘게 쭉쭉 뻗은 초록색의 야자수와 끝없이 펼쳐진 수평선, 푸른빛의 태평양은 가히 최고라는 수식어가 아깝지 않았다.

                        청춘 가슴이 시키는 대로

샌디에이고San Diego 동쪽으로는 큰 산맥이 있다. 뜨거운 햇살 아래 땀을 흘리며 산 정상에 도착했고 바람을 가르며 내리막을 내려왔다. 최고 시속 78km! 개인 최고 기록을 경신했다.

젖은 텐트를 말리고 있는데 한 멕시칸 아주머니가 반갑게 말을 걸어왔다. 본인을 산드라라고 소개한 후 차로 10분 거리에 살고 있으니 언제든 놀러 오란다. 주소를 받은 나는 현지인과 함께 오후를 보낼 생각에 마음이 들떠 자리를 박차고 일어났다. 그런데 이게 웬걸 멕시칸 아주머니가 차로 10분 거기라던 길은 굉장히 험준한 산길이었다. 갓길도 좁아서 지나가는 차량마다 나를 거의 스쳐 지나가다시피 했다.

산길을 따라 굽이굽이 올라가 도착한 곳은 포트레로Potrero. 미국과 멕시코의 국경 마을이었다. 캠핑카가 듬성듬성 세워져 있어 마을이라기보다는 캠핑장이라는 표현이 알맞았다. 그곳에서 생활하는 사람들은 모두 멕시칸이었다. 평일에는 자녀들의 학업을 위해 포트레로에서 캠핑카 생활을 했고 주말에는 국경을 넘어 멕시코로 돌아갔다. 산드라 아주머니의 가족도 같은 이유로 이곳에 머무르고 있었다.

산드라 아주머니의 집, 아니 캠핑카에 도착하니 가족들이 나를 반갑게 맞아주었다. 저녁 식사로 '타코'를 대접하며 어떻게 만들었는지 설명해 주었다. 옥수숫가루로 만든 토르티야에 고기와 채소를 싸먹는 멕시코 전통 음식이란다. 햄버거밖에 모르던 나에게 타코는 신세계였다.

"무쵸 델리시오소!"

    '엄청 맛있다'라는 짧은 스페인어를 연발하며 타코를 우걱우걱 입에 집어넣으니 가족들이 모두 환한 웃음을 터트렸다.

    저녁을 먹은 뒤 산드라 아주머니의 트럭을 타고 멕시코 국경 장벽을 보러 갔다. 3m가 넘는 붉은 장벽이 언덕 너머 시선이 닿지 않는 곳까지 길게 이어져 있었다. 녹슨 벽 구멍 사이로 거대한 나라 멕시코, 국경 마을 테카테 Tecate가 보였다. 국가를 나누는 것은 이토록 허름한 장벽이다.

　국가란 무엇인가 하는 사유에 잠겼다. 국가란 국민의 주권이 미치는 범위, 다시 말해 국민의 뜻이 적용되는 최대한의 영역이며, 국경은 인간이 자의 혹은 타의에 의해 그어놓은 하나의 선에 지나지 않았다. 울타리는 인접 국가와 이해관계에 따라서 유럽 연합의 국경처럼 눈에 보이지 않는 경계선이 될 수도, 한국과 북한의 국경처럼 민족과 역사를 차단하는 철책이 될 수도 있었다. 그렇다면 미국과 멕시코의 경계는? 눈앞에 드리워진 길고 높은 장벽이 두 나라의 관계에 대해 단호하게 확인시켜 주었다.

　이튿날 산드라 아주머니의 남편 벨로 아저씨가 멕시코 본가에 함께 가자고 제안했다. 기쁘게 응하는 한편 여권만 소지하면 육로로 자유롭게 왕래할 수 있다는 사실이 부러웠다. 테카테에서 차로 1시간 이상 들어가니 메마른 땅에 집 한 채가 덩그러니 놓여 있었다. 꼬리를 흔들며 달려드는 개를 예뻐할 새도 없이 발전기에 시동을 걸었다. 아이스박스에 책상만 한 얼음을 집어넣는 것으로 집들이 잔치 준비가 시작되었다. 감자튀김을 요리하는 벨로 아저씨, 집 청소를 시작한 산드라 아줌마, 마당을 누비는 아이들과 개. 나는 마당에 멍하니 앉아 산세를 내려다보았다. 미지근한 바람이 잔잔하게 불었다. 건조한 황갈색의 잡초 사이로 큼직한 암석이 군데군데 박혀 있는 것이 인상적이었다. 이런 황무지도 어느 가족에게는 따듯한 보금자리, 사랑이 묻어나는 낭만의 공간이구나. 그날 벨로 아저씨의 음식은 소박하지만 온화한 맛이 났다. 늦은 밤까지 우리의 대화는 끊이지 않았다.

다음 날 '국경 가족'과 함께 미국으로 돌아왔다. 하루가 더 지나고 또 한 번의 이별이 다가왔을 때 벨로 아저씨는 나를 걱정하며 눈물을 흘렸다. 눈물을 보니 마음이 무거워져서 도리어 위로를 건네야 했다. 멕시코가 그렇게나 위험한 나라인지 궁금해졌다. 걱정이 싹틈과 동시에 호기심이 부풀어 오르기 시작했다.

여행 준비물

1. 자전거

당연하지만 자전거 여행을 떠나기 위해서는 자전거가 필요하다. 비쌀수록 좋은 모델을 찾을 수 있는데 우리는 항상 돈이 부족하기 때문에 가격과 기능이 합리적인 자전거를 사는 것이 좋겠다. 자전거는 종류가 많지만 '여행용'이라는 부사가 붙으면 로드바이크, 산악자전거, 하이브리드 자전거로 폭이 좁혀진다.

- **로드바이크**: 무게가 가볍고 좁고 작은 27인치 타이어로 구성되며 손잡이가 밑으로 꺾인 드롭 핸들바가 인상적이다. 하지만 장시간 라이딩을 해야 하는 자전거 여행에 드롭 핸들바는 자칫 허리, 목 통증을 유발할 수 있다. 또한 가벼운 자전거는 많은 짐을 싣지 못해 비포장도로에서 제대로 된 라이딩이 어렵다.

- **산악자전거**: 비포장 오르막과 내리막에서 자유롭게 운행이 가능하다. 지면의 충격을 흡수하는 서스펜스가 핸들바 밑에 달려있어서 비교적 안정적으로 주행할 수 있다. 하지만 프레임이 무겁고 넓은 타이어를 쓰기 때문에 장거리 주행에서 빠른 속력을 내기에는 적합하지 않다.

- 하이브리드 자전거: 위 두 가지의 단점을 보완한 저전거다. 비교적 가벼운 프레임에 도로용 타이어와 일자형 핸들바가 장착되어 있다. 대부분의 투어용 자전거가 이에 해당하며 이미 많은 자전거 여행자가 사용하고 있다. 여행용으로 하이브리드 자전거를 사고자 할 때는 프레임에 앞 짐받이와 뒤 짐받이를 거치할 수 있는 홈이 있는지 꼭 확인하자. 개인적으로 자이언트Giant, 스콧Scott의 입문용 하이브리드 자전거를 추천한다. 금액은 50-60만 원 정도.

2. 타이어

불가피하게 무거운 짐을 실어야 하는 자전거 여행 특성상 튼튼하지 못한 타이어는 잦은 펑크를 야기하며 라이더를 지치게 한다. 이런 이유로 타이어 표면, 트레드 밑에 펑크 방지 고무가 장착된 모델을 구입하는 것이 좋다. 독일의 슈발베Schwalbe 타이어는 5mm 두께의 고무 펑크 방지 층이 있어서 압정을 밟아도 펑크가 나지 않는다. 자전거 바퀴를 효과적으로 사용하려면 타이어의 공기압도 수시로 확인하자. 타이어에 공기가 적으면 자전거가 잘 나가지 않고 공기가 많으면 지면의 충격이 그대로 전달되어 미끄러지기 쉽다. 여행용 펌프를 달고 다니는 건 라이더의 센스.

3. 속도계

마라톤에 참가하면 페이스메이커가 선수들의 긴 호흡을 맞춰 주듯 장거리 여행에서 속도계는 여행자의 페이스를 잡아주는 코치 역할을 한다. 끝없이 펼쳐진 황무지를 달릴 때 무리해서 페달을 밟았다간 30분도 안 돼서 바닥에 쓰러지기 딱 좋다. 일정한 속도로 천천히 라이딩하는 것이 중요하다. 1시간 기준 평지 15-17km, 역풍 시 혹은 오르막길에서는 10-11km 이동을 목표로 삼자.

4. 패니어(자전거용 가방)

가방을 메고 자전거 타는 여행자는 한 번도 만나보지 못했다. 무게만큼 피로가 많이 쌓이기 때문이다. 여행자는 등에 짊어져야 할 가방의 무게를 고스란히 자전거에 전가해야 한다. 자전거에 프런트랙앞 짐받이, 리어랙뒤 짐받이를 장착하고 패니어를 단다. 보통 뒤 짐받이 장착용으로 용량 20L의 패니어가 바람직하다. 수납공간은 많을수록 좋다. 라이딩 중 갑자기 내린 소나기로 여러분의 옷이 젖는 비극을 피하려면 우천을 대비한 방수 제품을 구매하도록 하자.

5. 텐트

텐트는 구입과 동시에 지구 전체를 내 집으로 만들어 주는 효자 아이템이다. 비싼 제품보다는 쉽고 빠르게 설치할 수 있는 것을 추천한다. 텐트 입구에 양쪽으로 지퍼와 방충망이 달려 있다면 통풍이 수월하고 벌레로부터 쾌적한 잠자리를 보상받는다. 폴대로 된 돔형 텐트를 사용하면 자전거를 텐트에 넣을 수 있어 밤사이 자전거 도난으로부터 걱정을 한시름 덜 수 있다.

6. 침낭과 에어매트

텐트보다 구입에 심혈을 기울여야 하는 것이 바로 침낭과 에어매트다. 노숙이란 우리가 생각하는 것보다 더 추운 일이다. 새벽에 지면에서 올라오는 냉기를 차단하지 못하면 피로를 회복하기 힘들고 피로 누적은 장기 여행에 치명적이다. 침낭은 충전재의 깃털이 공기를 머금으면서 부풀어 올라 내부의 보온력을 유지하는 구조이기 때문에 다소 무리하더라도 면이나 모직물이 아닌 깃털 제품을 사는 것이 좋다. 겨울철 에어매트는 휴대성과 편안함이란 두 마리 토끼를 모두 잡아야 한다. 밸브가 달려 있어 입으로 공기를 주입하는 제품이 좋다. 공기를 많이 넣을수록 바닥의 냉기로부터 몸을 보호할 수 있다는 점을 기억하자.

2

Gracias!
중앙아메리카

Mexico
Guatemala · El Salvador · Honduras
Nicaragua · Costa Rica · Panama

1

MEXICO

설레는 멕시코 여행의
첫날 밤

멕시코, 산타 클라라

포트레로(Potrero) ○———○ 푸에르토페냐스코(Puertopeñasco) 462km

☼ 폭염, 역풍

미국 캘리포니아 주를 여행할 때 만났던 미국인들은 멕시코로 간다는 내게 미쳤다고 했다. 멕시코는 자전거로 여행할 만한 나라가 아니라는 것이다. 어쩐지 낯선 멘트가 아니었다. 미국에 오기 전 캐나다 사람들도 미국에 대해 비슷하게 평했기 때문이다. 돈만 밝히는 자본주의의 노예들! 이라면서. 근접 국가에 대한 오해와 비방은 그 자체로 편견을 만들어 냈다. 다른 사람을 통해 들었던 멕시코는 무법지대였지만 나는 한편으로 호기심이 발동했다. 정말로 위험할까? 호기심이 두려움을 뛰어넘으면 새로운 길이 펼쳐지는 법. 세 번째 나라 멕시코를 마주했던 첫 순간의 기억은 아직도 선명하게 남아있다.

나는 멕시코를 국경 마을 산 루이스San luis를 통해 처음 입국했다. 며칠짜리 비자를 원하느냐는 이민국 지원의 물음에 90일이라고 대답했다. 그는 내 자전거를 슥 쳐다보더니 자전거로 멕시코를 통과하려면 90일로는 부족하겠다며 입국 수속 서류에 180일을 적고 도장을 '쾅쾅' 찍어 주었다. 이민국을 빠져나와서 환전을 한 후 페달을 밟기 시작했다. 눈앞에 보이는 모든 풍경이 낯설고 신기했다. 도로변 음식점 간판은 죄다 스페인어라서 읽을 수 없었고 거리를 가득 메운 라틴 음악은 아직 귀에 낯설게 들렸다. 멕시칸들이 손을 흔들며 소리를 질러댔다.

"헤이, 치노! 돈데 바스? (이봐, 중국인! 어디 가?)"

무슨 말을 하는지 알아듣지 못했지만 응하고 싶지 않아 앞만 보고 페달을 밟았다.

마을을 벗어나자 모래사막이 이어졌다. 통행료를 지불해야 하는 요금소를 지나며 바닥이 드러난 페트병에 물을 받았다. 시원한 물을 챙겨주던 직원은 앞으로 100km 정도는 아무것도 없는 사막이니 조심하라고 일러 주었다. 그리고 얼마 전 근방에서 총기 사건이 발생했으니까 밤에 텐트를 치거든 도로에서 보이지 않도록 꽁꽁 숨으라고 당부했다. 직원의 충고를 들으니 정신이 번쩍 들었다.

다음 대도시 푸에르토페냐스코Puertopeñasco 까지는 한층 더 고난이도였다. 250km나 되는 거대한 사막을 홀로 가로질러야 했기 때문이다. (도중에 자그마한 마을을 지나긴 했다) 낮 동안 뜨겁게 달궈진 아스팔트를 달리고 밤에는 언제 마주칠지 모르는 권총 강도를 피해서 텐트를 쳤다. 이 짓을 사흘간 반복하자니 둘도 없는 고역이었지만 더 큰 문제는 물 부족이었다. 사막에서 매일 8시간 이상 자전거를 타서인지 온종일 갈증에 시달렸다. 물을 목구멍에 계속 들이부으며 버텨야 했고 동시에 페트병의 물이 줄어들 때마다 스트레스가 몰려왔다. 물이 부족하면 식사를 제대로 준비하지 못할 뿐더러 생명이 위험할 수도 있었다.

청춘 가슴이 시키는 대로

여느 날과 같이 도로변에서 멀찍이 떨어져 텐트를 치던 저녁이다. 저녁 준비를 하는데 어디선가 코요테의 울음소리가 들려왔다.

"아우!"

식사를 해 볼까 하던 나는 깜짝 놀라서 서둘러 텐트로 들어갔다. 서쪽 산에서 코요테 한 마리가 울자 사방팔방에서 단체로 따라 울부짖었다. 하울링이라고 하던가? 코요테 울음소리가 계속 귓가에 맴돌았다. 호신용 후추 스프레이부터 조리용 칼까지 내 자신을 지킬 수 있다면 뭐든 꺼내 머리맡에 두었다. 무서워서 밥은커녕 편히 쉴 수조차 없었다. 혹시라도 마주쳤을 때 겁먹지 않고 맞설 수 있을까? 동시에 몇 마리가 덤비려나? 한 마리는 저승 길에 데리고 가야지. 온갖 잡생각에 사로잡혀 머릿속이 복잡했다.

코요테의 소음공해는 밤늦게까지 계속되었다. 내가 늦은 시간까지 깨어 있던 이유로 먼저 코요테에 대한 두려움이 컸지만 무엇보다 볼일이 급했다. 텐트 밖으로 뛰쳐나가고픈 욕구가 나를 지배해서 어느 순간 죽음을 불사하는 용기마저 생겼다. 살면서 화장실을 가기 위해 식칼을 손에 쥘 일이 또 있을까? 텐트 밖으로 몇 걸음 더 걸어 나갔다. 암흑 속에서 소변을 봤고 드디어 살 것 같았⋯⋯. 자연스레 시선이 하늘로 향했다. 밤하늘에는 별이 쏟아질 듯한 은하수가 반짝이고 있었다. 블랙홀이 빛을 흡수하듯이 나는 붉게 빛나는 은하수에 시선을 그대로 빼앗겨 버렸다.

'황홀하다.'

생리현상을 해결하여 느낀 안도감인지, 붉은 은하수에 큰 감명을 받아 느껴진 황홀함인지 알 수 없었다. 어쨌거나 아드레날린은 상승 곡선을 그리며 분비됐다. 흥분한 나는 코요테를 따라 목청껏 소리를 질렀다.

"아우-"

코요테 무리도 신명나게 응답해 주었다. 그토록 공포에 떤 코요테의 하울링이었는데 이제는 후렴구나 추임새처럼 들렸다. 뜨거운 사막은 어느새 무대가 되었다. 은하수 아래 사막 한가운데에서 우리는 교감하고 있었다. 더 이상의 두려움은 없었다. 이 시간 이후로 코요테도 내 여행의 동료나 다름 없었다.

언어 장벽도
막지 못한 진심

멕시코, 푸에르토페나스코

푸에르토페나스코(Puertopeñasco) ○────○ 푸에르토로보(Puertolobos) 196km

☀ 폭염

　뜨거운 역풍을 뚫고 푸에르토페나스코Puertopeñasco에 도착했다. 값싼 모텔에 며칠간 쉬면서 매일 아침 산책도 다니고 마트에 들러 멕시칸의 일상도 들여다보았다. 어떤 식료품이든 크고 양이 많아 신기했다. 5L짜리 오렌지 주스, 1갤런3.78L 우유, 3L 코카콜라와 20L 생수. 심지어 수박도 보통 크기의 1.5배는 되어 보였다. 가장 흥미로웠던 것은 북아메리카에 비해서 마트 물가가 절반이었다는 점이다. 여행하며 음식에 굶주린 한이 맺혔던지라 값싸

　　　　　　　　청춘 가슴이 시키는 대로

고 양 많은 식량을 정신없이 카트에 주워 담았다. 평소 과소비를 할 것 같으면 법정 스님의 '무소유의 진리'를 가슴속에 되새기며 욕구를 떨쳐 냈지만 멕시코 물가 앞에 배고픈 자전거 여행자 신분으로는 방도가 없었다.

다시 사막을 달리기 시작했다. 생수는 생각보다 더 금방 떨어졌고 검문소를 지날 때마다 경찰에게 물을 구걸해야 했다. 역풍이 심해서 많은 거리를 이동하지 못했다. 해 질 녘, 하루를 마무리할 때가 다가와 지도에 없는 마을로 들어섰다. 비포장도로를 따라가니 낡아 무너져 내린 집이 몇 채 눈에 들어왔다. 마당으로 가서 잡일을 하는 현지인 앞에서 미리 적어둔 스페인어를 읊었다. 말이 통했을까 싶을 즈음 아저씨가 웃으며 뒷마당으로 안내해 주었다. 허름한 집이었지만 주인아저씨의 씀씀이는 너그러웠다. 텐트를 치고 저녁을 준비하는데 주인아저씨의 아이가 나에게 관심을 보였다.

"이름이 뭐예요?"

웃으며 아이에게 몇 살인지 물었다. 그런데 장난기 어린 눈으로 나를 바라볼 뿐이다. 영어를 알아듣지 못하는 것 같아 먼저 오른손으로 가슴을 두 번 두드리며 'Min'이라고 말했다. 그리고는 아이를 향해 손바닥을 보였다. 그제야 아이는 씩씩하게 대답했다.

"프랑코!"

프랑코는 과연 강한 인상의 아이였다. 신발도 신지 않고 맨발로 거리를 거닐며 고삐 풀린 가축들을 괴롭히고 다녔다. 엉기적거리는 소의 엉덩이를

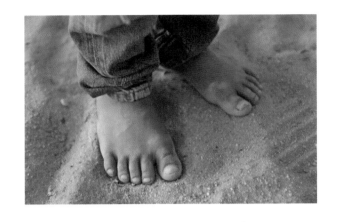

때리기도 하고 개에게 레슬링 기술을 걸기도 했다. 얼마나 못살게 굴었는지 프랑코가 길을 나설 때면 개, 소, 닭 할 것 없이 가축들이 그를 피해 이른바 '모세의 기적'이 눈앞에서 펼쳐졌다.

낡은 옷에 모래를 잔뜩 묻히고도 흙구덩이를 파느라 여념이 없는 프랑코를 바라보며 저녁을 먹었다. 프랑코가 다가와서 또다시 말을 걸었다.

"Min! 내가 1부터 10까지 영어를 세어볼게. 원! 투! 쓰리··· 콰트로, 싱코, 세이스, 시에테, 오쵸, 누에베, 디에즈!"

프랑코의 자신감 넘치던 어조는 점점 기어들어가는 목소리로, 영어는 스페인어로 변해갔다. 그 모습이 아이답고 귀여워서 한참을 웃었다. 영어 교육의 중요성을 강요받으며 스트레스 속에서 자라는 우리나라 아이들의 현실이 떠올랐다. 필요성을 느낀 다음에 외국어를 배워도 늦지 않다고 생각하는 나는 안타까운 기분이었다. 한편 꼬마 대장 프랑크와의 짧은 소통을 계기로 스페인어를 배워야 하는 이유를 찾았다. 현지인과 진실된 소통은 내가 세계여행을 떠나온 이유이기도 하니까.

며칠 뒤 푸에르토로보Puertolobos에 도착했다. 도로에서 마을까지는 3km. 비포장도로를 따라 자전거 바퀴가 푹푹 빠지는 모랫길을 걸었다. 중간 중간 마주친 현지인들은 휘파람을 불며 손으로 V를 만들어 보였다. 손으로 만든 V는 평화Peace를 뜻했다. 나는 현지인들의 인사 덕에 평화로이 마을을 둘러 보기로 했다. 사막 위의 해안 도시 푸에르토로보. 언뜻 사막과 바다의 조합 에 이질감이 들 수도 있지만 내가 마주했던 풍경은 경이로웠다. 금빛 모래 언덕과 푸른 바다가 함께 만든 수평선, 리듬감 있게 정적을 깨는 파도 소리. 시선이 닿는 곳마다 평화로웠다. 이 작은 마을이 마음에 들어온 순간이다.

콜라가 마시고 싶어서 구멍가게를 찾았다. 오래돼 보이는 구멍가게의 주인아저씨는 유쾌하고 친절했다. 주인아주머니는 나에게 해산물이 듬뿍 들어간 타코를 대접해 주었다. 감사한 마음에 가게 안의 몇 가지를 구매하려고 계산대에 가져갔다. 그러자 아주머니는 돈을 안 받겠다고 말했다. 얼떨떨해 있는데 후식까지 챙겨 주어 몸 둘 바를 몰랐다.

낯선 이에게 친절을 베풀어준 부부에게 큰 감동을 받았다. 내가 보답할 수 있는 일은 그저 아줌마가 보여 준 사진에 호응하고 보디랭귀지를 이용해 지나온 여정을 설명해 주는 것뿐이었다. 구멍가게 주인 부부와의 대화를 통해서 언어는 하나의 소통 수단에 불과하다는 걸 깨달았다. 형상이 없는 언어보다 때로는 눈에 보이는 표정과 몸짓이 상대방의 마음에 더 진실되게 전해지기 마련이다. 책장 넘기는 시늉을 하며 여행 마치고 꼭 책을 쓰라던 아저씨의 흐뭇한 미소가 글을 쓰는 지금도 아련하게 남아있다.

낯선 땅에서
과거를 되돌아보다

멕시코, 에르모시오

푸에르토리버타드(Puertolibertad) ○———○ 치라호밤포(Chirajobampo) 452km

☼ 폭염

사막에서 화물차를 얻어 타고 에르모시오Hermosillo로 향했다. 에르모시요는 멕시코 북부 소노라 주에서 인구가 가장 많은 대도시다. 화물차 운전수가 도시 변두리에 자전거를 내려 주었다. 밤에 혼자 돌아다니지 말라는 그의 말에 걱정이 묻어났다. 에르모시요 도심으로 향하는 길, 도로변 건물에

는 프랜차이즈 음식 간판이 즐비했다. 그림의 떡이나 다름없는 음식 사진에 입맛을 다셨다. 어둠이 내려앉고 나서야 하룻밤 300페소약 17달러 하는 호스텔을 발견했다. 물가가 비싼 북아메리카를 여행할 때는 숙박 시설을 이용할 엄두가 나지 않았는데 물가가 저렴한 멕시코는 역시 장기 여행자에게 부담이 덜 했다.

이튿날 환전소를 찾았다. 문 앞에 '1달러 16.5페소'라고 대문짝만하게 적혀 있었다. 네고해 볼 요량으로 환전소 주인에게 다가가 미화 1달러를 17페소에 거래해 주길 요청했다. 주인은 대꾸할 필요도 없다는 듯 조용히 계산기에 '16.7'을 적었다. 계산기에 적힌 숫자를 보고 고개를 절레절레 흔들며 나가려는 모션을 취하니 그가 나를 붙잡았다. 그리고는 다시 계산기를 두드렸다.

'16.9페소'

청춘 가슴이 시키는 대로

역시 흥정은 아쉬울 것 없는 자가 승리하는 법이다. 최종 낙찰 가격에 흡족해 하며 환전소를 나왔다.

환전소 전방에는 성당이 있었다. 하늘을 향해 곧게 뻗은 유럽 양식의 건축물은 유럽에서 건너온 한 정복자에 의해 지어졌다. 성당 자체는 화려하고 웅장해 보였지만 마냥 감탄할 수만은 없었다. 16세기, 대항해 시대를 맞이한 유럽은 세계를 향한 식민지 확보가 중요한 시기였다. 시대의 파도를 거스를 수 없던 약소국들은 하나 둘 유럽 국가의 힘에 의해 침잠했다. 중앙아메리카에 위치한 멕시코 역시 유럽 열강의 표적을 피할 수 없었다. 멕시코로 이주해 온 스페인 귀족들은 원주민의 노동력을 이용해 은광, 사탕수수 농장을 대규모로 경영하며 부를 축적하는 등 300년 넘게 식민지 정책을 지속했다. (그 과정 속에서 멕시코 원주민과 스페인 백인 사이 혼혈인 '메스티소'가 태어났다) 영토를 빼앗는 것은 물론 언어, 풍습, 민족의 정서까지 서서히 갉아 먹는 서구 열강의 시민 정책은 다시는 일어나선 안 될 강탈적 행위이며 최악의 정책이다.

다만 내가 만난 멕시칸은 대부분 스페인을 좋아했다. 미개한 자신들의 나라를 스페인이 발전시켰다고 생각했기 때문이다. 식민지의 라틴어 어원인 콜로니아의 뜻을 살펴보면 이렇다. '인간이 오래 거주하던 땅을 버리고 새로운 곳으로 이주한 곳의 토지.' 단어 깊숙이 스페인 침략자의 야심이 스며들어 있다. 침략자들이 정말 약소국가의 경제를 부흥시키려는 목적으로 이 땅에 왔을까? 이미 공공연한 사실이지만 그렇지 않다. 똑같이 슬픈 역사를 가진 민족으로서 안타까운 마음이 들었다. 우리나라도 일본에 35년간 식민 정책을 당했지만 나는 일본이 우리나라를 부흥시켰다고 생각하지 않는다.

여독을 푼 며칠 뒤 다시 자전거에 올라탔다. 시우다드 오브레곤Ciudad Obregon를 지나던 어느 날이다. 원래는 물만 채워서 도시를 떠날 생각이었는데 어딘가에서 풍겨오는 치킨 냄새 를 거스를 수 없었다. 정신을 차려보니 홀린 듯이 치킨집 앞에 다가가 메뉴판을 보고 있는 내 자신을 발견할 수 있었다. 자리에 앉아 다급히 주문했다. 노릇노릇한 치킨을 먹으며 주인아저씨에게 오늘 기온이 몇 도인지 물었다. 주인아저씨가 휴대폰 화면을 보여주었다.

'103°F'

큼지막하게 적혀있는 숫자. 이날 역시 섭씨 40도를 웃도는 날씨였다. 어쩐지 왁스를 바른 것처럼 머리카락이 빳빳이 굳더라니. 미국에서부터 폭염 속

청춘 가슴이 시키는 대로

에서 자전거를 타왔던 터라 뜨거운 공기만 마셔도 어느 정도 날씨를 가늠할 수 있었다. 경험에 기반을 둔 꽤나 정확도 높은 오감 센스가 발동한 것이다.

다음 날 40km 가량 달리다가 멈춰 서 버렸다. 전 여정의 피로가 풀리지 않기도 했고 허벅지에 통증이 생긴 데다 작열하는 태양 밑에 숨이 턱 막혀왔다. 정신이 혼미해 더 나아갈 수도 없었다. 도로변 이정표에 치라호밤포 Chirajobampo라는 지명이 보여 약간의 위안을 삼았다. 아, 내가 하염없이 같은 곳을 돌고 있지는 않았구나. 어딘가에서 살아 숨 쉬며 여행을 이어가고 있구나. 오늘도 잘 달렸구나.

그때 어딘가에서 물소리가 들렸다. 마당에서 호스로 물을 뿌리고 있는 아주머니가 보였다. 갈증에 넋을 잃었던 나는 아줌마에게 달려가 물을 뿌려 달라고 부탁했다. 아줌마는 살포시 웃더니 나에게 물을 뿌리기 시작했다.

나는 옷을 입은 채 길바닥에 서서 샤워를 했다. 미지근한 물이라도 입에서는 탄성이 터졌다. 이렇게 청량할 수 있다니! 온몸이 흠뻑 젖어도 걱정되지 않았다. 어차피 20분이면 다 말라 버렸으니까.

청춘 가슴이 시키는 대로

마피아보다 두려운
허벅지 통증

루이스 코르티네스(Ruiz Cortines) ○———○ 콜리마(Colima) 1,200km

☼ 맑음

멕시코 정치인의 이름을 따서 지어진 마을 아돌포 루이스 코르티네스 Adolfo Ruiz Cortines. 내가 이 마을에 머물게 된 이유는 다름 아닌 허벅지 통증 때문이다. 뜨거운 날씨에 자전거를 타서 그런지 종종 근육에 쥐가 났는데 크고 작은 통증을 무시하다 탈이 난 것이다. 길바닥에 주저앉아 얼음찜질을 하다가 현지인 키미를 만났다. 마음씨 고운 키미의 보살핌을 받으며 며칠간 그녀의 집 마당에서 지냈다. 3일째 되던 밤, 키미의 전 애인 줄리오가 나를 찾아와 어두운 낯빛으로 말했다.

"너 지금, 마을에서 안 좋은 소문 퍼졌어. 네가 테러리스트일지도 모른대."

그 유언비어는 다시 말해 몇몇 싸이코 같은 녀석들이 나를 노리고 있으니 조심하라는 뜻이었다. 물론 순전히 줄리오의 주장이었다. 아 그러냐고, 그들을 만나면 어떻게 되냐는 내 질문에 나를 때리고 협박해서 금품을 갈취할 거라는 대답이 돌아왔다. 순간 너무 황당무계해서 할 말을 잃었다. 허벅지가 아파 외출은커녕 꼼짝도 못하고 있는 마당에 무슨 테러리스트? 위험한 사람들과 작당하고 싶어도 할 수 없는 형국이었다. 생각해 보면 줄리오 녀석은 만날 때마다 언제 떠날 거냐고 물었었다. 아마도 나를 마을에서 떠나게 하려고 거짓말을 한 것 같았다. 이튿날 아침에 짐을 꾸렸다. 출구까지 따라와 인사해주던 키미와 그 가족들에게 고맙다는 말을 전했다. 그리고 마음속으로 덧붙였다. 줄리오는 별로 안 고마워!

30km 떨어진 옆 마을 과사베Guasave까지는 자전거를 온전히 타지 못했다. 허벅지 통증 탓에 내려서 끌기를 반복했다. 숙소에서 진통제를 챙겨 먹고 얼음찜질을 하며 몸을 추슬렀다. 제발 이번에는 통증이 재발하지 않길. 며칠 뒤, 더 뜨거워진 아침 공기를 맞으며 길을 나서 보았다. 아니나 다를까 허벅지가 또다시 시큰거렸다. 그대로 도로 위에 주저앉았다. 자전거 여행자의 연료인 다리가 제 역할을 하지 못하니 속상하고 분통했다. 생각을 정리하다 절뚝절뚝 걷기 시작했다. 도로는 끝이 보이지 않았다. 어디든 좋으니 하염없이 걸으리라. 30분쯤 걸었을까. 승합차 한 대가 내 앞에 멈춰 섰다. 터프해 보이는 운전자가 내게 말을 건넸다.

"도움이 필요한 거야? 아님 어디가 아파?"
"다리가 아파서요. 혹시 어디까지 가세요?"

운전자 액터는 1,000km 떨어진 콜리마Colima로 간다며 같이 가겠느냐고 했다. 절박한 상황에 조력자를 만나 행운이었다. 아저씨는 흔쾌히 트렁크 문을 열었다. 문제는 트렁크가 가득 차서 짐을 실을 곳도, 내가 앉을 곳도 없다는 것이었다.

"앉을 자리가 없는데요."

"음, 자전거는 차 위에 묶고 너는 트렁크에 쭈그려서 타."

그렇게 나는 만난 지 5분도 안된 낯선 이의 차에 몸을 실었다. 짐짝 위에 구부정하게 드러누우니 꼬리뼈가 쓸려서 얼얼했고 오른쪽 허벅지는 욱신거렸다. 낮에 먹은 음식이 상했는지 뱃속은 요동쳤다. 꼬리뼈, 허벅지, 아랫배가 각각 주장하는 고통의 삼박자를 고스란히 느낄 수밖에 없었다. 나는 아픈 몸으로 납치된 듯 트렁크에 실려 한동안 멕시코를 달렸다.

콜리마 전통주와
클럽을 즐기는 방법

멕시코, 콜리마

콜리마(Colima) 0km

☀ 맑음

    밤낮으로 꼬박 12시간을 달려 이튿날 오후 콜리마에 도착했다. 액터와 부인 마르가리타는 미국 워싱턴 주에서 배관공으로 일하는 프리랜서였다. 그러니까 미국에서 일을 마친 뒤 자재를 승합차에 싣고 멕시코 고향까지 3일간 5,000km를 달리던 중 나를 만난 것이다. 3일? 자전거로 5,000km 여행하는 데 5개월이나 걸렸다고 푸념하자 부부가 재밌어 했다. 콜리마에 도착한 날은 15일간의 지역 축제가 열리는 날이었다. 허벅지 염증이 나을 때까지 자신의 집에 머물다 가라는 액터의 호의 덕분에 콜리마에서 지냈던 3주간은 여한 없이 축제 거리를 만끽할 수 있었다.

    하루는 콜리마에서 차로 2시간 떨어진 마르가리타 아주머니의 고향을 함께 방문했다. 이른 아침 도착해서 둘러보니 현지인들의 모습이 활기차 보였다. 또 마을 뒤에는 활화산이 있어 이국적인 풍경이었다. 신비로우면서 정겨운 마을 특유의 정취가 마음에 들어서 나도 모르게 입가에 미소가 번졌다. 이윽고 액터의 함께 산악용 자동차에 올라탔다. 20분쯤 산을 오르니 숲 사이로 오두막집 한 채가 보였다. 카우보이모자를 깊게 눌러 쓴 할아버지가

       청춘 가슴이 시키는 대로

홀로 장작을 패고 있었다. 마르가리타의 외삼촌인 그는 산속에 60년이나 홀로 살았단다. 오랜만에 찾아온 외지인, 더구나 한국에서 온 나를 할아버지는 격하게 환대해 주었다.

붉게 그을린 피부에서 느껴지는 터프함, 빠진 이 사이로 새어 나오는 호탕함, 풍채에서 전해지는 야생의 숨결… 2017년도에 집 뒤편 화산의 분화로 주민 대피령이 발효됐음에도 할아버지는 홀로 데킬라를 마시며 풍류를 즐겼다는 전설이 전해졌다. 할아버지는 나에게 마당에 있는 소의 젖을 짜주었고, 집 앞에 열매를 맺은 과일을 건네주기도 했다. 무엇보다 조금 특별한 술을 권하셨다. 갓 짠 신선한 우유에 멕시코 전통주 테킬라를 섞고 초콜릿으로 달콤함을 곁들인 폭탄주가 그것이었다. 함께 있던 멕시코 사나이들은 우유 잔을 맞대며 우정을 다지고 있었다. 나도 한 모금 마셔 보았다가 너무 강해서 화들짝 놀랐다. 목구멍이 타들어 가는 것만 같았다. 할아버지를 리스펙하고 나서 우유에 초콜릿만 넣어 마셨다. 즉 달콤한 초콜릿 우유만 마셨다는

청춘 가슴이 시키는 대로

뜻이다.

콜리마 생활이 보름 정도 지났을 무렵 액터의 누님이 운영하는 민박으로 거처를 옮겼다. 그곳에서 룸메이트 미겔을 처음 만났다. 대학생인 그는 외향적이고 밝은 친구였다. 미겔이 대학교에서 수업을 듣는 동안 나는 대학교 도서관에서 인터넷을 썼다. 같이 마트를 다니고 요리를 해먹으며 그와 금세 친해졌다.

하루는 미겔이 나에게 대학 친구들을 소개했다. 페루니, 페드로, 파블로, 레히나. 모두 개성 있는 친구들이었다. 늦은 시간까지 이야기꽃을 활짝 피우고 있는데 친구 중 한 명이 말했다. 우리 클럽 가자! 나는 청바지 한 벌 없이 누추하게 여행 중이라며 은근슬쩍 거부 의사를 내비쳤다. 그 말을 듣자마자 미겔이 방에서 청바지를 한 벌 갖고 나왔다. 그리고는 모두 입을 맞춰 말했다. 거절은 거절한다는 듯,

"Today is the day! (오늘이 바로 그날이야)!"

멕시코 클럽은 입구에서 짐 검사가 엄격했다. 보안 요원에게 몸을 구석구석 검문 받고 나서야 '젊음의 동굴'에 입장할 수 있었다. 빠른 비트에 스페인어 랩이 정신없이 쏟아지는 파티 분위기, 천장에서 뿜어져 나온 강렬한 레이저와 알코올에 달아오른 흥, 춤을 추며 뿜어져 나오는 열기! 음악 소리에 맞춰 다들 사정없이 몸을 흔들어 재꼈다. 이날 나는 처음 알았다. 한국 남자가 멕시코 여성에게 꽤 인기가 좋다는 사실을 말이다.

자전거 여행자
켄드라와 마야

멕시코, 샌프란시스코(San Francisco Telixtlahuaca)

멕시코시티(Mexico City) ○────○ 오악사카(Oaxaca) 525km

☀ 맑음

　멕시코시티Mexico City에서 오악사카Oaxaca로 향할 때였다. 산세가 험한 산
길을 시속 60km로 내려오다가 커브 길을 미처 파악하지 못해 도로 위에 넘
어지고 말았다. 아스팔트 바닥에 고꾸라지는 자전거를 버리고 튕겨 나오면
서 가드레일에 오른쪽 가슴팍을 세게 부딪쳤다. '억' 소리를 내며 바닥에 주

　　　　　　　　　　　　　청춘 가슴이 시키는 대로

저 않았다. 옷을 들춰보니 몽둥이로 한 대 맞은 것처럼 빨갛게 부어올랐다. 팔뚝, 가슴, 다리 등 가드레일에 쓸린 곳이 화끈거리고 쓰라렸다. 새하얘지는 정신을 부여잡고 적어도 목숨은 부지했다며 중얼거렸다. 숨을 크게 들이마셨다. 스릴을 즐기려다가 대가 한 번 혹독히 치렀다.

별 수 있나. 여행은 계속되었다. 이틀간 산에서 캠핑을 마치고 산길을 달려가 오악사카 주에 들어섰다. 정오 무렵, 공터에 앉아 마지막 남은 라면을 뜯었다. 물이 끓기를 기다리는데 산 아래에서 꾀죄죄한 몰골의 자전거 여행자들이 힘겹게 언덕을 올라오고 있었다. 반가운 마음에 먼저 인사를 건넸다. 캐나다에서 온 여행자 켄드라와 마야. 첫 만남의 순간이다.

"안녕! 나는 한국에서 왔어. 둘은 캐나다 어디에서 온 거야?"
"밴쿠버에서 왔어."
"오호, 나도 이번에 밴쿠버를 여행했어. 캐네디언은 정말 친절해! 지금은 어디까지 가니?"
"오악사카로 갈 거야!"

내 질문에 친구들은 방긋방긋 웃으며 대답했다. 길눈이 밝은 마야는 오악사카까지 가는 길을 알려 주었다. 이야기를 나누다 보니 어느새 라면이 퉁퉁 불었다. 친구들은 라면 맛있게 먹어, 하고 다시 페달을 돌려 오르막을 올랐다. 캐나다를 떠난 지 벌써 6개월. 오랜만에 느끼는 캐네디언의 친절함 덕분에 퉁퉁 불은 라면도 별미로 느껴졌다.

오후에는 역풍이 강하게 불었다. 자전거를 질질 끌고 평야를 걷던 그때 누군가 나를 애타게 불렀다.

"Hey, Min!"
'응? 왜 나보다 뒤에 있는 거지?'

켄드라와 마야였다. 점심을 먹는 동안 내가 앞지른 모양이었다. 바람에
머리카락을 휘날리며 쫓아오는 친구들을 다시 만나니 정말 반가웠다. 나는

근처에서 함께 캠핑할 것을 제안했고 친구들은 기꺼이 응했다. 우리는 해발 2,000m 산속 작은 마을에 텐트를 쳤다. 마침 슈퍼마켓 앞이라 바람 막을 공간도 충분했다. 각자의 취사도구를 꺼내서 저녁을 준비했다. 음식을 먹으며 추억의 팝송 이야기를 나눴다.

"어렸을 때부터 캐나다 가수 에이브릴라빈 노래를 자주 들었어."

숟가락 가득 계란찜을 입에 넣으며 내가 말했다. 하지만 그게 누구냐며 알아듣지 못하는 눈치였다.

"에.이.브.릴.라.빈! 몰라? 'Girlfriend' 부른 유명한 가수! 캐나다에서는 안 유명해?"
"오우, 아~블 리빈! 나도 엄청 좋아해. 근데 너 방금 뭐라고 했어?(웃음)"
"에.이.브.릴.라.빈!"

나의 영어 발음을 듣고 켄드라와 마야가 배를 움켜쥔 채 깔깔깔 소리 내며 웃기 시작했다. 얼마나 재밌게 웃던지 눈에서는 눈물이 나올 지경이다. 어리둥절한 나와 다르게 친구들은 해맑았다. 노력 없이 남을 웃기다니 한 건 해낸 기분이었다. 나는 얘기하고 친구들은 웃고… 여행자들이 교감하는 순간은 늘 예상하지 못한 타이밍에 찾아오는 법이다. 결국에는 나도 웃음을 터트렸다. 그 뒤로도 우리는 팝송을 들으며 밤늦도록 노래하고 춤을 췄다.

다음 날부터는 친구들과 함께 자전거 바퀴를 굴렸다. 다 같이 산속 내리막을 달리며 선선한 바람을 갈랐다. 누군가와 발맞춰 라이딩한 것은 여행을 시작하고 처음이라 더 재미있었다. 힘든 순간도 웃음으로 채우며 달린 해질 녘, 샌프란시스코San Francisco에 도착했다. 켄드라와 마야는 값이 싼 모텔에서 자겠단다. 숙박비를 쓰지 않을 계획이었던 나는 마을 외곽에 텐트를 치겠다고 말했다. 그러자 켄드라가 주저 없이 제안했다.

"어차피 침대 두 개인데 우리가 같은 침대 쓸 테니까 모텔에서 하루 같이 묵지 그래?"

청춘 가슴이 시키는 대로

다 큰 사내가 여인들과 한 방에서 자도 되나? 머릿속으로는 거절하려 했
는데 어쩌다 보니 문지방에 서 있었다. 다소 떨리는 마음으로 좁은 방에 짐
을 옮겼다. 두리번거리던 그 순간 방 안에 진동하는 구린내…. 며칠간 씻지
못해 지독해진 세 여행자의 냄새가 방에 가득 찼다. 이대로는 더 이상 그녀
들을 여자로 볼 수 없었다. 드르렁 드르렁 코 고는 소리는 말 그대로 야생에
던져진 듯 우렁찼다. 피곤에 절었던 여행자들의 밤은 그렇게 깊어갔다.

이튿날 친구들과 함께 달려 멕시코 남부의 전통 도시 오악사카에 도착
했다. 며칠간 저렴한 호스텔에 머물며 여유를 즐기기로 했다. 오악사카 현지

시장은 물가가 저렴했다. 닭다리를 곁들인 식사가 40페소, 그러니까 원화 2,500원으로 한 끼를 든든하게 채울 수 있었다. 어느 날 전통 시장을 둘러보고 있는데 함께 있던 마야가 무언가 발견한 듯 외쳤다.

"어, 가지다! 여기에도 가지가 있네. Min, 오늘 저녁은 샥슈카(chakchouka) 해 먹을까?"

"샥슈카가 뭔데? 맛있는 거야?"

"응. 이스라엘 전통 요리야."

마야는 이스라엘 계 캐네디언으로, 어렸을 적 할머니에게 배웠다며 오늘 저녁에 샥슈카를 대접하겠다고 호기롭게 말했다. 그녀가 설명한 샥슈카란 피망, 가지, 토마토, 양파를 기름에 볶고 토마토 소스로 양념한 일종의 스튜였다. 푹 고와서 으깨진 채소 위로 달걀을 깨뜨려 넣어 하얗게 익히면 요리가 완성됐다. 주방 보조를 자처하며 열정적으로 요리를 도운 나와 퀸드라는 오늘 이 식사를 만끽할 자격이 충분했다. 모두 테이블에 둥글게 둘러앉아 저녁 만찬을 즐겼다. 마야의 실력 발휘로 맛보게 된 샥슈카는 정말 맛있었다. 궁합이 꽤 괜찮은 코카콜라를 따르고 서로 유리잔을 부딪쳤다. 콜라가 청량한 것인지, 분위기가 달콤했던 것인지 유난히 아름다운 밤이었다.

청춘 가슴이 시키는 대로

　며칠 뒤 정들었던 켄드라, 마야와는 여행 경로가 달랐기 때문에 나는 다시 혼자가 되어 고독한 여행을 이어 나갔다. 그러나 금방 다시 만날 수 있었다. 다음 도시인 산 크리스토발San cristobal에서 머무르고 있을 때 친구들이 나를 만나러 와주었던 것이다. 산 크리스토발이 해발 2,000m에 위치한 고산지대인 것을 생각하면 친구들의 의리에 감동하지 않을 수 없었다. 시간이 흐를수록 내 가슴속은 광활한 자연이 선사한 감동과 여행자들의 체취 가득한 정(情)으로 켜켜이 쌓여갔다. 나도 누군가의 가슴에 따뜻한 사람으로 남을 수 있었으면.

　마야와는 5개월 뒤 남아메리카의 콜롬비아에서 다시 재회하게 되는데…

멘탈 관리

1. 계획은 세세하지 않게

여행은 정형화된 틀을 깨고 일탈하는 행위다. 사람마다 각자의 스타일이 있 겠지만 너무 세세한 일정은 여행자를 지치게 만드니 지양하자. 때로는 물 처럼 바람처럼 흘러가는 대로 몸을 맡기는 것 또한 여행의 묘미. 꼭 가고 싶 은 곳은 체크하고 그곳으로 향하는 여정을 즐겨보자. 나의 경우 첫 번째 나 라 캐나다의 여행지를 정할 때 먼저 종착지를 밴쿠버로 정하고 그로부터 1,700km 떨어진 에드먼턴을 출발 지점으로 두었다. 두 점을 잇는 선이 직선 이든 곡선이든 상관없다. 오직 그대만을 위한 여행 루트가 될 것이다.

2. 긍정의 힘

여행은 불확실의 연속이다. 언제 어디서 무슨 일이 생길지 모른다. 만약 무 슨 일이 발생해도 그 상황을 해결해 나갈 긍정적인 사고를 갖는 것이 중요 하다. 혼자 해결 가능한 문제라면 좋겠지만 그렇지 않은 경우에는 누군가에 게 도움을 요청하는 것을 두려워하지 말자. 어쩌면 도움을 요청하는 것 자 체가 새로운 인연과의 만남을 이어주는 연결고리가 될지도 모른다. 오지에 서 펑크가 난 상황을 가정해보자. 내리쬐는 뙤약볕에 땀이 비 오듯 흘러 짜

110

증이 나더라도 발상을 전환하여 지친 허벅지에 휴식을 주는 시간으로 바꿔 버리는 것이다. 스스로를 위로할 줄 알아야 오랜 여행에 더욱 힘이 실리는 법이다.

3. 외로움에 익숙해지기

혼자 여행을 떠났다면 자연은 친구요, 동물은 동료다. 와일드 캠핑을 추구한다면 어느 정도 외로운 환경에 적응해야 한다. 텐트에서 노트북으로 영화를 봐도 좋고 노트북이 없다면 책을 읽어도 좋다. 자연 속에서 음악을 듣는 것은 또 어떠한가. 비현실적인 은하수를 바라보며 감미로운 음악을 들을 때면 살아있음에 감사하게 된다. 외부와 차단된 자연은 인간을 외롭게 만들지만 마음을 치유하고 스스로를 돌아보는 소중한 시간을 제공하기도 한다.

2

GUATEMALA
EL SALVADOR
HONDURAS

때아닌
무전여행

과테말라, 우에우에테낭고

산크리스토발(San Cristobal) ○———○ 우에우에타낭고(Huehuetenango) 252km

☀ 맑음

    과테말라 국경이 가까워질수록 산길은 험해졌다. 지나가는 트럭이 흙먼지를 연신 공기 중에 뿜어댔다. 비포장도로 위로 매서운 바람이 모래를 몰고 와서 더 나아가지 못하고 눈을 찡그린 채 입을 틀어막았다. 아스팔트 도로 상태도 좋지 않았다. 여기저기 구덩이가 깊게 파여 있었다. 반대편 차선

을 달리던 트럭이 구덩이를 피해 나에게 돌진해 오면 도로변으로 도망쳐야
했다.

　　오후 4시 경 과테말라 국경에 도착했다. 먼저 멕시코 출국 허가를 받기
위해서 이민국에 들어섰다. 이민국 직원들은 모두 팔짱을 끼고 텔레비전에
시청에 한창이었다. 서둘러 여권에 도장을 받고 밖으로 나가는데 텔레비전
에서 쩝쩝거리는 소리가 들렸다. 맛있는 요리 프로그램이라도 보나, 하며 화
면을 들여다보는데 남녀가 벌거벗고 사랑을 나누고 있는 것이 아닌가! 벌건
대낮 그것도 근무 시간에 당당히 포르노를 보다니. 5개월간 머물렀던 멕시
코는 떠나는 그 순간까지도 강한 인상을 남겨 주었다.

청춘 가슴이 시키는 대로

과테말라 국경을 통과하기가 무섭게 환전상이 들러붙었다. 멕시코 화폐 100페소약 6달러를 과테말라 화폐 35케찰로 바꿔주겠단다. 왠지 아쉬운 마음에 40케찰 이상이 아니면 바꾸지 않기로 결단했다. 그렇게 나는 국경에서 환전을 하지 않은 채로 산길을 달렸고… 결국 사흘간 무전여행을 하게 된다. 가도 가도 시골길이라 그런지 환전소가 보이지 않았다. 안 그래도 고달픈 여행길 더 다채로워지는구나. 그나마 패니어에 비상식량을 구비해 두어 망정이지 아무 생각 없이 다녔더라면 어땠을지 모르겠다. 부족한 물은 시냇물을 정수해 충당했고 낮에는 라면을 먹고 밤에는 요리를 해 먹으며 그런대로 잘 모면했다.

하루는 텐트를 치고 저녁을 준비하고 있었다. 알고 보니 그곳은 경찰 초소 앞이었다. 근무 중이던 경찰이 다가와 친절하게도 오늘 밤은 자신이 지켜주겠다고 말했다. 안심하라는 듯 허리에 찬 권총까지 보여 주어 든든한 마음이 들었다. 하룻밤 안전하게 보낼 수 있다는 생각에 흥이 올라왔다. 휘파람을 부르며 쌀에 물을 붓는데 학교 수업을 마친 여고생 세 명이 텐트 앞 들판을 지나갔다. 과테말라의 고등학생들은 지구 반대편에서 온 동양인 여행자를 신기해하며 텐트에 다가왔다. 나는 다 알면서도 아이들에게 한 번 물어보았다.

"근처 슈퍼에서 저녁거리를 좀 사려는데 여긴 시골이라서 멕시코 돈은 안 받겠지?"

당연히 과테말라 화폐 케찰만 사용할 수 있다는 대답이 돌아왔다. 씁쓸하게 고개를 끄덕여 보이자 그중 한 여학생이 20케찰약 3달러를 건넸다.

"과테말라 입국을 축하해. 오늘 밤은 슈퍼에서 맛있는 거 사 먹어."

　　나보다 열 살이나 어린 학생의 돈이라 선뜻 받기가 어려웠다. 기특하고 고마운 마음에 20케찰 상당의 멕시코 돈을 내밀었다. 여학생은 웃으며 마다했지만 더욱이 보답하지 않을 수 없었다. 나는 '돈'이 아닌 '기념'으로 받아 달라는 말과 함께 한국 돈 3천 원을 꺼냈다. 한 장씩 나눠주니 여고생들은 어린아이 마냥 기뻐하며 받았다. 따듯한 정으로 마음을 나눈 것도 잠시 나중에는 부모님과 함께 텐트를 찾아와 한 접시 가득 과테말라 가정 요리를 대접해 주었다. 굶주렸던 나는 숨도 쉬지 않고 해치웠다. 내 모습을 지켜보던 경찰과 여학생의 얼굴에 흐뭇한 미소가 번졌다. 시골 인심은 지구 반대편에서도 통하나 보다.

　　아, 과테말라 화폐는 대도시 우에우에타낭고Huehuetenango에서 환전할 수 있었다.

온몸으로 체험한
자연의 웅장함

과테말라, 안티구아

우에우에타낭고(Huehuetenango) ○━━━○ 안티구아(Antigua) 279km

☀ 맑음

안티구아 과테말라Antigua Guatemala는 16세기 스페인에 의해 건설되어 과 테말라 왕국의 수도로서 200여 년간 번영을 구가했다. 중앙아메리카에서 예술, 학문의 중심지로 유명했지만 18세기 몇 차례의 대지진과 함께 도시를 둘러싼 세 화산이 분화하면서 위기를 면할 수 없게 되었다(이후 과테말라 의 수도는 현재 콰테말라 시로 옮겨졌다). 후세의 사람들은 이 도시를 '고대 의 과테말라'라는 뜻으로 안티구아 과테말라, 줄여서 안티구아Antigua라고 불 렀다.

화산으로 둘러싸인 안티구아에서는 단연 활화산 투어가 가장 유명했다. 단, 그만큼 위험이 따랐다. 2017년도에 화산 폭발로 등산객 6명이 사망한 사건이 발생한 이후로 과테말라 정부는 가이드 없는 화산 투어를 금지하고 있었다. 여느 시내의 숙소 게시판이든 활화산 투어에 관한 전단지가 즐비하 게 붙어 있었다. 고민 끝에 신청한 투어는 아카테낭고 화산Volcano Acatenango 투어. 해발 3,600m(정상은 3,976m)에 위치한 아카테낭고 화산 베이스캠프 에서 캠핑을 하며 바로 옆에 있는 푸에고 화산Volcano Fuego의 분화를 조망할 수 있었다. 투어 전날 '실제 용암을 볼 수 있다'는 부푼 기대를 안고 트레킹에 필요한 식량을 가방에 구겨 넣었다.

다음 날, 버스를 타고 1시간을 달려서 아카테낭고 화산에 도착했다. 활화산을 보기 위해 전 세계 각지에서 모여든 팀원은 총 12명이었다. 미국, 독일, 프랑스, 덴마크, 리투아니아, 한국. 가이드는 과테말라 현지인이었다. 스페인어가 능통한 독일인 여행자 줄리안의 통역을 들으며 우리는 함께 화산을 오르기 시작했다. 등산화도 없이 밑창이 갈린 운동화로 가파른 흙길을 오르기 쉽지 않았다. 백팩을 메고 산을 오르는 팀원들과 달리 나는 자전거용 패니어 가방과 카메라를 지고 다녀서인지 매번 무리에서 뒤처졌다. 그럴 때면 숨을 고르고 주위를 둘러보았다. 처음 보는 꽃과 식물, 고산지대의 자연이 눈에 들어왔다. 낯설고 신비로운 풍경이었다.

오후가 되자 옆에 솟아있던 푸에고 화산에서 분화가 시작됐다. '구그그그' 하고 땅이 요란하게 울리기 시작하더니 화산에서 빨간 용암이 뿜어져 나왔다! 이 광경을 지켜보던 팀원들은 모두 발걸음을 멈추고 환호성을 질렀다. 땅에서 전해지는 진동, 귓가에 맴도는 굉음, 하늘을 뒤덮을 만큼 솟아오르는 화산 연기. 눈앞에서 화산이 폭발하는 장관을 마주하니 온몸에 전율이 돋았다. 이것이 대자연이구나. 한동안 말없이 감동받던 나는 뒤늦게 쾌재를 불렀다.

저녁이 되어서야 해발 3,600m에 위치한 베이스캠프에 도착했다. 베이스캠프라고 해도 조촐하게 세워진 텐트 몇 채가 전부였지만 녹초가 된 팀원들에게는 썩 괜찮은 보금자리였다. 문제는 추위였다. 고도가 높아진 까닭에 기

청춘 가슴이 시키는 대로

온이 뚝 떨어져 버린 것이다. 팀원들은 장작불에 불을 붙이고 둥글게 둘러 앉았다. 코코아 한 잔의 여유를 부리며 각자의 나라에 대한 이야기를 꺼내기 시작했다. 나는 모두에게 한국을 소개했다. '인구는 5천만 명이고 수도에만 1천만 명이 살아.' 옆에 있던 리투아니아인 앗초가 익살스럽게 입을 열었다.

"내가 사는 동네는 들판이 넓어서 20m 간격으로 집 한 채씩 덩그러니 지어져 있어. 옆집과 울타리로 구분하는 일도 없어서 대충 손가락으로 가리킬 수 있는 곳까지 우리 집이라고 치고 나머지는 옆집 주인 거라고 쳐 버렸다니까."

120

동유럽식 앗초의 개그는 모닥불을 둘러싼 팀원들의 웃음을 자아냈다. 이야기가 무르익는 와중에도 30분에 한 번씩 푸에고 화산은 용암을 게워냈다. 그렇게 해발 3,600m의 밤은 깊어갔다.

다음 날 오전 4시에 눈을 떴다. 간밤의 추위에 잠을 설쳤지만 머리가 맑아 개운했다. 12명의 팀원 중 나를 포함한 4명만이 일출을 보겠다는 일념으로 야간 산행을 시작했다. 아카테낭고 화산 정상을 향해 묵묵히 발걸음을 옮기길 두 시간쯤 지났을까. 가쁜 숨을 몰아쉬며 뒤를 돌아보니 걸어온 길을 구름이 가득 메우고 있었다.

정상에 도착하자 먼저 차갑고 강한 바람이 얼굴을 때렸다. 머리띠가 벗겨져 머리카락이 흩날릴 정도였다. 감각이 무뎌지는 두 손에 입김을 불어넣으며 간절하게 기다리는 것은 다름 아닌 태양. 오전 6시 20분, 마침내 동쪽 끝 구름 위로 주황빛 태양이 떠올랐다. 그제야 푸에고 화산의 입구가 윤곽을 드러냈다. 방대한 양의 화산 연기를 분출하는 푸에고 화산은 경이로움 그 자체였다. 숭고한 자연은 있는 그대로의 모습을 보였고 그것을 바라보는 나, 작은 존재는 오롯이 감동을 느꼈다. 추위에 떨며 자리를 지키던 모두가 그러했으리라.

자연 그대로의 위대함을 경험한 그날의 아침. 덕분에 아카테낭고 화산 트레킹 이후로는 제아무리 화려한 일출이라도 감동이 무뎌지는 약간의 부작용이 생겼다.

청춘 가슴이 시키는 대로

간밤에 박쥐 똥을
맞으며 자다

엘살바도르, 산티아고 노누알코

라리베르타드(La Libertad) ○———○ 산티아고 노누알코(Antigua) 65km

☼ 맑음

과테말라를 지나 같은 언어, 비슷한 문화의 엘살바도르 땅에 도착해서는 긴장의 끈을 한시도 놓을 수 없었다. 도시의 중앙 광장 혹은 시장, 은행에 들어서면 장총으로 중무장을 한 채 경계 근무를 서는 경찰과 군인을 어렵지 않게 만날 수 있었고 마주칠 때마다 그들은 나에게 카메라를 숨기고 다니라고 경고했다.

엘살바도르 국토를 관통하는 2번 국도를 따라서 해 질 녘까지 페달을 밟던 어느 날, 자전거를 끌고 다니며 잘 곳을 찾아 산골 마을을 떠돌고 있었다. 때마침 지나가던 아저씨가 나에게 관심을 보였다. 오늘 밤은 자신의 집에서 재워줄 테니 성당에서 예배를 마칠 때까지 2시간만 기다려 달란다. 처음 보는 동양인 여행객에게도 친절을 베풀다니. 안 그래도 중앙아메리카의 종교에 관심이 있었던 나는 선뜻 아저씨를 따라가기로 했다.

성당에 도착하니 마을 사람들이 죄다 이곳에 모여 있었다. 건물 안에서는 웅장한 찬송가가 들렸고 밖으로는 마을 아줌마들이 요리하는 고소한 '푸

청춘 가슴이 시키는 대로

푸사(또르띠아 속에 치즈나 돼지고기, 검은콩 소스를 넣어 구워 먹는 엘살바도르 전통 음식)' 냄새가 코끝을 자극했다. 아주머니들은 내게 손짓하며 푸푸사를 권했다. 성당 안으로 발걸음을 옮기자 기도하는 신자들이 보였다. 간절한 기도를 끝으로 신자들은 흘러나오는 찬송가에 리듬을 타기 시작했다. 흡사 록 페스티벌을 방불케 했다. 마이크를 잡은 신부님의 설교는 점점 속도를 더했고 그럴수록 신자들은 음악 소리와 함께 더 격정적인 춤을 추었다. 미국 예배당에서는 다 같이 두 팔 벌려 찬송하는 잔잔한 모습이었던 반면 엘살바도르의 가톨릭 신자들에게서는 격한 활력이 느껴졌다. 중앙아메리카의 가톨릭교는 뜨겁구나. 오후 9시까지라던 미사는 30분이 더 지나서야 끝을 맺었다.

성당을 나와 아저씨와 함께 집으로 돌아갔다. 집 내부를 둘러보니 한눈에 봐도 많이 허름했다. 페인트칠도 하지 않은 건물 내벽은 암울했고 망조가 든 전구는 음산함을 더했다. 노숙에 익숙했던지라 열악한 환경이라고 해서 크게 신경 쓰지 않았지만 벌레가 많은 어두운 창고에서 에어매트만 깔고 자자니 썩 내키지 않았다. 창고에는 모기가 특히 많았고 천장에는 웬 괴생명체가 찍찍거리며 날아다녔다. 도저히 이곳에서 잘 수 없을 것 같아서 마당에 텐트를 치겠다고 말했더니 아저씨는 밖은 위험하다며 내 부탁을 거절했다. 더 황당하게도 창고에서도 텐트를 치지 말란다. 하는 수 없이 에어매트만 깔고 잠자리에 들었다.

시간이 얼마나 흘렀을까. 깊은 밤 얼굴에 무언가가 툭… 툭… 떨어졌다. 손으로 슥 닦아도 불쾌감이 가시질 않았다. 머리맡에 있던 랜턴을 천장에 비춰 보았다. 세상에. 박쥐가 날개를 푸드덕거리고 있는 것이 아닌가! 동굴과 연결되어 있는 집 구조 상 박쥐가 창고 안까지 들어와서 서식 중인 모양이었다. 얼굴에 떨어진 것은 다름 아닌 박쥐 똥이었다. 울화가 치밀었지만 다른 방도가 없어 침낭을 머리끝까지 덮고 잠을 청했다.

동이 트고 어둑한 창고에 한줄기 빛이 들어왔다. 밤사이 모기한테 여덟 군데나 물렸다. 텐트를 치고 잤으면 방충망이 있어서 무사했을 텐데. 아무 이유 없이 텐트 치는 것을 만류한 아저씨가 야속했다. 현지인의 집에 초대받는 것은 분명 감사한 일인데도 마음은 그렇지 않았다. 아저씨의 순수한 배려가 나에게 온전히 전해지지 않았지만 이런 하루도 있겠거니 생각하며 떠날 채비를 서둘렀다.

엘살바도르가 알려 준
가난의 무게

엘살바도르, 우술루탄

사카테콜루카(Zacatecoluca) ○———○ 산미구엘(San Miguel) 94km

☀ 맑음

엘살바도르의 남동쪽을 달리고 있었다. 폭은 넓지만 물살이 빠른 강을 건너자 우술루탄 주를 알리는 안내판이 시야에 들어왔다. 이윽고 멀리서 희미한 물체 하나가 서서히 다가오는 것을 보았다. 처음에는 현지인인 줄 알았는데 자전거에 주렁주렁 매달린 짐을 보고 나와 같은 부류라는 생각이 들었다. 반가운 마음에 손을 흔들어 인사했다. 곱슬머리에 까무잡잡한 피부, 초롱초롱한 눈을 갖고 있는 미국인 절미는 '세상의 끝'이라 불리는 아르헨티나의 우수아이아에서 이곳 엘살바도르까지 16개월에 걸쳐 자전거를 타고 왔단다. 캐나다에서 여행을 시작한 나와는 경로가 정반대였던 것이다. 절미가 내 가방의 태극기를 보더니 반갑게 외쳤다.

"브라더가 한국에서 군 복무를 해서 한국에 가봤어. 뭐더라 의정부?"

"의정부!"

"아, 그래. 의정부! 의정부에 놀러 갔을 때 스팸을 가득 넣은 스프가 정말 맛있었어."

절미는 부대찌개로 추정되는 그 '스프'에 대해 기쁜 듯이 말했다. 나는 이에 질세라 절미의 고향 캘리포니아 주의 인앤아웃 햄버거를 호평했다. 중간 지점에서 서로 반대 방향으로 달리다 만난 두 자전거 여행자는 상대방 나라의 요리를 추억하며 입맛을 다셨다.

절미는 여기까지 오면서 캠핑하기 좋았던 위치를 공유했다. 세세한 지역 정보까지 알려주는 절미의 배려가 새삼 고마웠다. 잘 가라고, 행운을 빈다고 인사를 건넨 뒤 우리는 다시 각자 페달을 밟았다. 찌든 때가 낀 장비, 찢어진 반바지, 흙먼지가 잔뜩 묻은 슬리퍼를 신고 평온하게 페달을 돌리는 그는 마치 세상의 이치를 깨달은 도사 같았다. 1년 후 아르헨티나를 여행할 때는 나도 저런 모습이겠지? 피식 웃음이 나왔다.

저녁이 되어 도로변에 보이는 민가에 텐트를 쳤다. 넓은 마당에 캠핑을 허락해 준 집주인 살죠는 영어가 유창했다. 그가 요리한 닭다리 바비큐를 건네며 물었다. 엘살바도르가 좋으냐고. 나는 그렇다고 대답했다. 다소 위험한 나라지만 사람들이 친절해서 좋다는 말도 덧붙였다.

살죠는 의견이 달랐다. 자신은 이 나라가 너무도 싫다고 털어놓았다. 시급이 1달러인 이 나라에서는 아무리 노예처럼 일을 해도 지긋지긋한 가난에서 벗어날 수 없기 때문이란다(엘살바도르의 2018년 GDP는 전 세계 102위였다). 엘살바도르의 실태에 대해 푸념하듯 고발하는 살죠의 말투에 불만과 근심이 묻어났다. 한국에 대해 묻지 않아서 다행이었다. 한국에서는 시간당 최소 8달러를 벌 수 있다는 얘기를 그 앞에서 차마 꺼낼 수 없었다.

빈부격차는 아이들의 삶을 평등하지 않은 방향으로 점점 더 멀리 끌고 간다. 부잣집 아이는 어려서부터 좋은 교육을 받고 부족함 없이 성장하는 반면, 가난한 가정의 아이는 교육은 뒷전이고 길바닥에서 과자를 팔거나 구걸을 하며 생명을 연명하기 급급한 삶을 산다. 고착화된 가난의 굴레는 영영 바꿀 수 없는 것일까. 엘살바도르 사람들은 그 무게를 언제까지 감당해야 할까.

살쵸와 대화를 마치고 텐트 안으로 들어갔다. 날아다니는 성가신 모기를 다 때려잡았음에도 쉽사리 잠들지 못한 밤이었다.

그들의 살벌한
축구 사랑

산미구엘(San Miguel) ○────○ 촐루테카(Choluteca) 169km

☀ 폭염

과테말라부터 중앙아메리카의 종착지인 파나마까지는 대략 2,500km. 서울에서 부산까지 세 번 왕복할 수 있는 거리다. 과테말라에 입국한 뒤로는 시종 중앙아메리카를 빠르게 벗어나고 싶었다. 살인적인 햇살과 무더위 때문이었다. 뜨거운 뙤약볕에 하루 종일 자전거를 타다 보면 팔과 다리가 그을려 피부가 벗겨졌고 얼굴은 화상을 입어서 화끈거렸다. 중앙아메리카를 다니는 내내 정말 초라한 몰골이었다. 식료품을 사기 위해 쇼핑몰에 들렀다가 노숙자로 오해받아 쫓겨난 적도 있다.

엘살바도르를 지나 온두라스 국경, 이민국을 그냥 지나쳐 버렸다. 명색이 이민국인데 건물이 너무 낡아서 국가 중요 시설이라고는 미처 생각하지 못했던 것이다. 여권에 도장을 받고 나오니 슈퍼 마리오 수염을 한 아저씨가 나에게 환전을 요구했다. 1달러를 22렘피라에 교환했는데 알고 보니 당시 환율은 1달러 24렘피라였다. 입국하자마자 약간의 환율 사기를 당해서 마음이 좋지 않았지만 눈앞에 광활하게 펼쳐진 황금빛 들판이 마음을 달래 주었다.

엘살바도르와 온두라스는 축구 열기가 유독 뜨거운 나라다. 축구 때문에 전쟁까지 일어난 1969년의 일화는 이미 유명하다. 시작은 이러했다. 온두라스의 수도 테구시갈파에서 열린 월드컵 1차 예선 경기, 패배 소식을 접한 엘살바도르 소녀가 권총으로 자살을 하면서 온두라스에 대한 엘살바도르인의 적대감이 일차적으로 고조되었다. (여기까지만 해도 살벌하다. 그러나) 긴장감 속에 예선 2차전 경기가 열렸고 이번에는 엘살바도르가 승리를 거머쥐었는데 원정 경기를 보러 온 온두라스인 두 명이 엘살바도르 관중에게 맞아 죽었다는 유언비어가 퍼졌다. 이에 분노한 온두라스 국민은 자국에 머무는 엘살바도르인을 향해 무차별 테러와 살인을 자행하기 시작했다. (여기서 이야기가 끝났으면 좋겠지만) 그럼에도 두 국가는 멕시코 월드컵 진출권을 따내기 위해 3차 예선전에 참가했다. 결과는 엘살바도르의 승리. 월드컵에

청춘 가슴이 시키는 대로

출전하지 못한 온두라스의 원한은 증오로 번졌고 테러 문제는 점차 더 심각해졌다. 엘살바도르는 온두라스에 전쟁을 선포했다. '100시간 전쟁'이라고 불리는 두 나라의 전쟁은 4일간 1만 7,000여 명의 사상자를 낳았다. 어떤 것이든 전쟁으로 수많은 사람들의 목숨을 날려버릴 만큼의 가치는 없다. 적당함을 넘으면 독이 되기 마련. 과한 축구 열정이 많은 것을 앗아간 온두라스의 슬픈 이야기다.

이틀 동안 200km 가량 이동해도 푸석푸석한 초원 풍경이 바뀌지 않던 온두라스. 마지막 날 저녁, 촐루테카Choluteca에 도착했다. 길게 늘어선 시장을 지나고 있는데 현지인들이 환호와 비소 섞인 관심을 보였다. 캠핑할 때마저 불개미에 물려 통증과 붓기 때문에 힘들었다. 현지인들은 물려도 괜찮은데 나만 왜 이럴까. 뜨거운 날씨와 지독한 해충이 여행을 더디게 했다. 에라이. 피할 수 없으면 즐기는 수밖에.

3

NICARAGUA
COSTA RICA
PANAMA

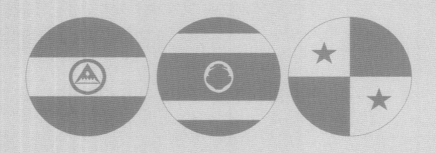

알고 보면
선한 사람들

니카라과, 리바스

촐루테카(Choluteca) ○───○ 리바스(Rivas) 318km

☀ 맑음, 무더운 나날

　　니카라과에 첫발을 디딜 때 긴장의 끈을 놓을 수가 없었다. 현지인들이 많아서 도난이 걱정되었기 때문이다. 이민국 건물 앞에는 구걸하는 아이들이 수두룩했고 짐이 많은 나를 쳐다보는 잡상인들의 눈빛은 범상치 않았다. 입국 도장을 받으러 검문소에 들어가는데 이민국 직원이 자전거는 밖에 세워두라고 엄포를 놓았다. 잠깐만 자전거를 들이게 해 달라고 사정했지만 완고한 태도의 직원은 부탁을 결코 들어주지 않았다. 또 자전거 여행자는 입국 절차가 까다롭다며 나를 상담실이라는 이름의 취조실로 데려갔다. 보통 아무리 늦어도 30분이면 끝나는데 2시간이 다 넘어가도록 놓아주질 않았다. 창 너머로 업무 처리 직원을 바라보니 수다 삼매경. 3시간을 기다려서야 여권에 니카라과 입국 도장을 받을 수 있었다.

　　서둘러 나와 라이딩을 시작했다. 전방에는 끝이 보이지 않는 산길이 이어졌고 역풍이 심하게 불어닥쳤다. 버스들의 난폭 운전은 나를 시종일관 위협했는데 얼마나 가까이 스쳐지나가던지 버스 백미러에 뒤통수를 맞을 뻔 했다. 학생들이 나를 향해 가운데 손가락을 치켜세우질 않나, 비아냥대질 않나.

니카라과에 대한 나쁜 인식은 점점 굳어갔다.

　니카라과의 수도 마나과Managua가 20km 정도 남았을 때였다. 피로 누적 때문인지 왼쪽 허벅지가 욱신거려서 자전거를 더 탈 수 없는 상황이었다. 고민 끝에 차를 얻어 타기 위해 히치하이킹을 시도했다. 얼마 지나지 않아 오토바이 커플이 등장했다. 운전자가 헬멧을 벗고 말했다.

"오우, 자전거 여행자. 어디 가?"

"마나과에 가려고."

"관광하려? 마나과에 볼 거 별로 없을 텐데."

"며칠 노숙했더니 피곤해서. 허벅지도 파업했는지 자전거 타기 싫다네."
"쉬고 싶은 거구나. 여행은 휴식의 여정이지. 우리 집이 바로 이 근처야. 우리 집으로 가자."

　　캐나다에서 온 제시와 라울 커플과 인연이 맺어진 순간이다. 그들은 오
토바이로 여행을 하다가 라울의 고향인 니카라과에 잠시 머물고 있었다. 집
에 도착하자 라울이 이곳은 너의 집이나 다름없으니 원하는 만큼 쉬라며 어
깨를 토닥거렸다. 따뜻한 물에 티백을 담그면 은은한 색이 서서히 퍼지듯
니카라과에 대한 좋은 인식들이 내 안에 번지기 시작했다.

며칠 뒤 제시와 라울의 집을 떠나는 날, 귀중품을 넣고 다니는 히프 색(허리에 둘러메는 작은 배낭) 지퍼가 고장 났다. 지퍼를 닫아도 이음새가 벌어져서 이대로 자전거를 타면 핸드폰이나 지갑을 흘리고 다닐 것이 분명했다. 20km 떨어진 수도 마나과Managua에 도착하면 가장 먼저 고장 난 히프 색을 고칠 생각으로 집을 나섰다. 안녕, 친구들. 고마웠어!

두 시간 뒤 마나과에 도착했다. 스페인어로 물이 많다는 뜻의 마나과는 수도라는 명성답게 높은 건물들이 늘어서 있었다. 구경도 잠시, 휘황찬란한

청춘 가슴이 시키는 대로

고층 빌딩 뒤편 서민들의 영역으로 자전거 핸들을 돌렸다. 시장 한복판에서 낡은 구두가 수북이 쌓인 수선 집을 찾아 주인에게 히프 색을 내밀었다. 젊은 주인은 펜치로 히프 색의 지퍼를 만지작거리더니 3분도 채 안 되어 고쳐버렸다. 기쁜 마음에 '그라시아스(감사합니다)'를 연발했다. 히프 색 수선비는 10코르도바. 우리 돈으로 300원 남짓한 가격이다. 감사의 표시로 주인에게 제값의 20코르도바를 더 얹어 30코르도바를 건넸다. 주인은 수고로움은 10코르도바면 충분하다며 딱 제값만 받았다. 덕분에 남는 돈으로 시장에서 점심을 해결할 수 있었다. 쌀밥에 콩과 고기를 곁들인 식사가 단돈 40코르도바. 그 맛 또한 일품이었다. 인건비와 물가가 저렴한 니카라과는 자전거로 여행하기 좋은 나라다.

해가 지기 직전, 그라나다Granada에 도착했다. 두 번의 거절 끝에 한 민가에 텐트를 쳤다. 집주인 가족이 나를 보고 '니하오'라고 인사했다. 평소였으면 무시하는 편인데 이때 나는 철저한 '을'이었기 때문에 두 손을 모아 '쎄쎄'하고 인사를 받았다. 멕시코부터 줄곧 중국인 대우를 받아서 제법 익숙해졌다. 처음에는 치노(중국인)라는 말이 듣기 싫어서 일일이 꼬레아노(한국인)라고 정정해 주곤 했다. 그러면 꼬레아 델 노르테(북한)? 하고 재차 물어왔는데 꼭 꼬레아 델 수르(남한)라고 2차 정정을 해 주어야 마음이 편했다.

다음 날은 오전 7시부터 페달을 밟았다. 더워지기 전 선선한 아침에 많은 거리를 이동해 두기 위함이었다. 긴 시간 자전거를 타니 시원한 콜라가 당겼다. 작은 구멍가게에 들어가니 할머니와 아이가 보였다. 아이는 학교 숙제를 하는지 종이에 풀칠을 하고 있었다. 물풀이 종이 밖으로 삐져나올 만큼 듬뿍 짜내는 모습이 탐탁지 않았는지 할머니의 잔소리가 끊이지 않았다. 결국 할머니는 아이의 풀을 빼앗아 숙제를 도맡아 했다. 투덜거리며 아이의 숙제를 대신해 주는 할머니와 잔소리에 또박또박 말대꾸하는 아이의 모습에 웃음을 터트렸다. 할머니와 아이도 따라 웃었다. 아웅다웅 싸우지만 서로 가장 소중한 사람들. 한국에 있는 가족들이 떠올랐다.

국경에서의 불쾌한 첫인상부터 몇몇 불친절한 현지인을 만나며 니카라과에 대해 좋지 않은 편견이 생겼지만 언제나 그렇듯 사람에게 다시금 치유되었다.

청춘 가슴이 시키는 대로

열대 우림보다
뜨거운 사나이

코스타리카, 도미니칼

푼타레나스(Puntarenas) ○────○ 도미니칼(Dominical) 212km

☀ 폭염

　　스페인어로 풍요로운 해변이라는 뜻의 코스타리카는 이번 여행의 여덟 번째 나라다. 중앙아메리카 중심부에 자리 잡고 있는 코스타리카는 전 세계적으로 많은 관광객들이 방문하고 있다. 에메랄드빛 바다와 초록색 열대 우림의 조화가 정말 아름답기 때문이다. 태평양이 빚어 놓은 1,200km의 긴 해안선은 자연이 준 특별한 선물이리라. 바다를 보며 두 바퀴를 굴리는 기분은 참 오묘했다. 바다 냄새가 코끝에 맴돌았다. 철썩거리는 파도 소리와 두 눈을 자극하며 반짝거리는 수평선. 자전거를 타는 매 순간이 휴양으로 느껴졌다.

　　달콤한 코스타리카 여행에도 이면이 존재했는데 그것은 바로 높은 물가였다. 내가 좋아하는 콜라의 가격으로 따져 보자면 멕시코, 온두라스, 니카라과는 1.25L 콜라가 대략 1달러, 코스타리카에서는 무려 2.5달러에 육박했다. 딱 두 배. 갈증에 찌들었을 때 시원한 콜라 한 모금의 행복을 아는 사람에게는 정말 슬픈 일이었다. 사과와 망고가 한 알에 600콜론1달러 정도라는 것을 알고 얌전히 제자리에 갖다 놓은 기억이 있다. 조금이라도 싼 과일을 찾다가 발견한 바나나 한 개의 가격은 50콜론. 코스타리카에서는 바나나로 배

를 채워야겠다고 생각했다.

파리타Parrita에 들어왔음에도 조금 더 이동하려 욕심을 부린 바람에 어둠이 짙게 깔릴 때까지 잘 곳을 찾지 못했다. 칠흑 같은 도로 위에서 전조등 불빛만을 의지해 1시간을 더 달려갔다. 인적 드문 지평선 끝에 희미한 불빛이 보였다. 가까이 다가가 보니 화물차 운전수를 상대로 음식을 파는 식당이었다. 주인에게 식당 옆 들판에 캠핑을 해도 좋다는 허락을 받았다. 고마운 마음에 값비싼 콜라를 한 개 샀다. 온종일 자전거를 탄 후에 마시는 시원한 콜라 한 모금은 온몸을 짜릿하게 비틀었다. 주인은 내가 나가자 철문을 걸어 잠그고 자물쇠를 삼중으로 채웠다. 무뚝뚝한 사람이라 여겼는데, 취사를 할 땐 텐트로 와서 수돗가 위치를 알려주고 밤에 무슨 일이 생기면 철문을 두드리란다.

이튿날 오전 6시에 눈을 떴다. 떠날 채비를 마친 후 주인에게 인사를 하려고 철문을 두드렸으나 인기척이 없었다. 마음속으로 감사를 전하며 도로에 들어섰다. 지난밤 하염없이 달린, 칠흑같이 어두워 정체를 알 수 없었던 길은 야자수가 빼곡히 늘어선 도로였다. 바야흐로 열대우림의 심장에 서 있던 것이다. 적당한 햇빛, 바람, 하늘과 맞닿아 있는 드넓은 지평선… 태어나 처음 마주한 열대우림 속에서 나는 말없이 감탄하며 자전거 페달을 돌렸다.

해안 도시 도미니칼Dominical에 도착했을 때의 일이다. 나는 웃통을 벗은 채 자전거를 타고 있었다. 그때 어떤 건장한 중년 남성이 뒤에 따라오며 인사를 건넸다. 자유를 상징하는 독수리 문신이 인상적인 백인 남성은 미 해병대에서 26년간 근무한 퇴역군인으로 이름은 테드였다. 나는 캐나다에서 코스타리카까지 10개월에 걸쳐 여행 중이라고 소개했다. 내 말을 들은 테드

는 감명 깊은 한 마디를 남겼다.

"You are an animal(너 짐승놈이구나)!"

나에게 강한 녀석이라며 칭찬해 주는 그 또한 극한의 도보여행으로 알려진 퍼시픽 크레스트 트레일PCT 4,000km를 완주한 열혈 사나이였다. 웃통 벗고 자전거 타는 사나이끼리는 통하는 것이 있는 듯 했다. 테드는 나더러 고열량 음식이 필요하겠다며 도미니칼의 현지 식당으로 안내했다.

테드는 자전거 여행에 관심이 많았다. 2년 안에 자전거로 미대륙 6,000km를 횡단하고 싶다며 내게 자전거 여행에 관한 자문을 구했다. 어찌나 열정적이던지 메모장에 내가 하는 말을 받아 적기까지 했다. 사람이 그리웠던 나는 입에 모터라도 단 듯 멈추지 않고 말을 쏟아냈다. 테드는 미 해병에 관한 이야기를 해주었다. 요즘 미사일은 땅속으로 100m 이상 뚫고 들어가서 폭발하기 때문에 땅속에 숨어 있어도 적을 다 소탕할 수 있단다. 며칠 동안 폭탄 비가 내리게 할 수도 있다는 등 미국 국방력에 관해 듣고 있자니 간담이 서늘해졌다. 그러면서 그는 전쟁은 절대 일어나면 안 되며 21세기 인류는 평화 속에서 살아갈 권리가 있다고 강조했다.

이야기가 무르익는 동안 음식이 나왔다. 테드는 단백질이 곧 연료라고 말하며 음식을 덜어주었다. 바나나와 빵만 먹으며 자전거를 타던 가난한 여행자에게 그가 제공한 '단백질'은 굶주린 허기와 시린 마음을 동시에 채워주었다. 강인한 외모와 정신과 다르게 다른 사람의 이야기에도 눈시울 붉힐 줄 알던 그는 가슴이 뜨거운 미 해병이었다.

청춘 가슴이 시키는 대로

똥개와의
전쟁을 선포하다

도미니칼(Dominical) ○———○ 코레도르 디스트릭트(Corredor District) 105km

흐린 뒤 무지개

야자수의 널찍한 이파리 틈새로 아침 햇살이 새어 나왔다. 무료 캠핑장에서 아침을 맞이했다. 사실 간밤에 만난 캠핑장 호스트의 배려로 자리를 제공받은 것이었다. 눈 뜬 시간은 오전 6시. 주섬주섬 텐트를 정리하고 짐을 싣고 보니 딱 1시간이 걸렸다. 물가 높은 코스타리카에서의 나흘째 라이딩이었다. 사흘인가? 나흘이 맞겠지. 며칠째 계속되는 라이딩은 이따금 여행자의 정신을 흩트렸다. 날짜의 경계가 희미해졌는데 이를테면 이틀 전이 어제 같고 어젯밤이 조금 전 같은 느낌이라고나 할까. 하루하루가 분리되어 있는 것이 아니라 긴 하루가 계속해서 이어지는 기분이다.

야자수가 울창하게 우거진 푸른 길을 내리 달렸다. 은은한 햇살이 어느새 강렬해져서는 푸른 하늘의 채도를 더욱 높여 주었다. 쨍한 하늘 아래서 시선을 옆으로 돌리면 넝쿨로 뒤덮인 정글이 펼쳐져 있었다. 무턱대고 들어갔다가는 길을 잃어버릴 것 같았다. 햇살이 강한 오후에는 멕시코의 사막을 달릴 때처럼 머리에 물을 끼얹으며 자전거를 탔다. 오후 4시가 넘어가니 햇빛이 확연히 부드러워졌다. 길은 평탄하고 바람도 시원해서 자전거 타기에 더할 나위 없었다. 온몸이 땀범벅이었다가 전방에서 불어오는 부드러운 바람에 땀이 산뜻하게 말라 버렸다. 10시 방향 야자수 사이로 뜬 선명한 무지개까지, 모든 것이 완벽했다. 허공에 주먹을 휘두르며 환호성을 질렀다. 이런 게 진정한 자전거 여행이지!

목표했던 100km 라이딩을 마치고 작은 마을에 도착했다. 캠핑할 만한 곳을 찾아 자전거를 세웠다. 온갖 고철과 쓰레기가 널브러진 길거리는 치안이 좋지 않은 듯해 근처 민가 주인에게 들판 캠핑을 허락 받기로 했다. 그때, 똥개 두 마리가 사납게 짖으며 들이닥쳤다. 항상 있는 일이라 대수롭지 않게 여기고 있다가 한 마리가 왼쪽 발목을 물어 아연 당황했다. 순간 단전에서부터 화가 끓어올랐다. 마치 아카테낭고 활화산이 머리맡에서 펑 하고 터지는 듯했다.

"야아!"

분노에 휩싸인 나는 결투 신청을 받아들였다. 고함을 치며 똥개에게 발길질을 했고 멈칫하는 사이 아무 돌멩이나 잽싸게 주워들었다. 그동안 개한테 쫓기던 원한을 이 원초적 무기에 실었다. 다 무찌를 기세였던 나를 보고 똥개는 헐레벌떡 주인에게 도망갔다. 주인은 똥개 머리를 콩 쥐어박더니 일말의 사과도 없이 집으로 들어갈 뿐이었다. 나를 문 똥개는 털이 깨끗하지 않았다. 위생 상태로 미루어 보아 광견병이 옮았을 수도 있었다(광견병 바이러스를 가진 동물에게 물리면 급성 뇌척수 염을 야기할 수 있다). 다행히 발목에는 피가 나지 않았다. 개 이빨자국만 선명하게 남아 있었다.

똥개를 피해 민가에서 20m 이상 떨어져 텐트를 쳤다. 만약 개들이 텐트까지 쫓아오면 제2라운드 경기가 펼쳐지리라. 반들반들한 돌멩이를 텐트 입구에 놓고선 저녁을 준비했다. 분이 풀리지 않아 아끼는 참치 캔도 하나 땄다. 30분쯤 지나자 불청객들이 다시 텐트 주변에 모여들었다. 시끄럽게 짖어대는 통에 밥을 먹을 수가 없었다.

'그래, 이것들아. 누가 이기나 해보자.'

텐트 지퍼를 열어젖혔다. 돌멩이를 들어 똥개한테 돌진했다. 광분한 나의 등장에 개들은 뒤도 안 돌아보고 줄행랑을 놓았다. 까불고 있어. 그러나 끝이 아니었다. 텐트로 돌아와 숟가락을 드니 개 짖는 소리가 다시 반복되었다. 코스타리카 개들은 참 끈질기네… 몇 번의 라운드가 펼쳐졌는지 모르겠다. 그렇게 똥개와의 전쟁은 어둠이 짙게 깔린 한밤중까지도 이어졌다.

이날 이후 나는 개보다 고양이를 더 좋아하게 되었다.

중미의 종착지
파나마 시티를 향하여

파나마, 다비드

다비드(David) ○————○ 파나마시티(Panama City) 473km

☁ 구름 많음, 우기

북아메리카와 남아메리카 두 대륙 사이에 마치 다리처럼 놓인 파나마. 태평양과 대서양을 이어 세계의 십자로라 불리는 파나마는 이번 중앙아메리카 여행의 마지막 종착지였다. 국경에서 수도 파나마시티Panama City까지는 대략 450km로, 하루 100km씩 5일이면 여유롭게 도착할 수 있는 거리였다.

슈퍼마켓 옆 그늘에서 라면을 끓여 먹고 있던 어느 날, 슈퍼마켓 주인이 세 살배기 아들을 안고 나와서 인사를 해주었다. 친절한 중국인이라 생각하고 다시 길을 떠났는데 이후 들르는 슈퍼마켓마다 주인이 모두 중국인이다. 이쯤 되니 궁금했다. 파나마에는 왜 이렇게 중국인이 많을까?

파나마의 역사를 파헤쳐 보면 그 이유를 알 수 있다. 태평양과 대서양을 연결하는 파나마 운하는 1881년부터 1914년까지 33년에 걸쳐 완공된 방대한 인공수로다. 세계적인 사업이었던 파나마 운하 건설에는 4만여 명의 노동자가 투입되었고 이 중에는 중국인 이민자가 대다수였다. 1914년 운하가 완공된 이후에도 중국인 이민자는 본국으로 돌아가지 않고 파나마에 정착

했다. 그 결과 100년이 지난 지금도 파나마에 많은 중국인 교포가 살고 있
는 것이다.

　파나마시티 근방까지 도달했다. 대도시가 가까워지자 대형 쇼핑몰과 높
은 고층 빌딩이 숲을 이루고 있었다. 4차선 도로는 자동차로 붐볐다. 자전거
에 관대하지 않은 운전자들은 클랙슨을 길게 울리며 위협했다. 정신을 차리
지 않으면 사고가 날 것 같아 핸들을 한껏 세게 움켜쥐었다. 그렇게 한 시간
쯤 달렸을까. 전방에 아치형 철교가 모습을 드러냈다. 파나마 시티에 들어
가려면 반드시 통과해야 하는 다리였다. 차 속도가 빠르고 갓길도 없었지만
다른 길이 보이지 않아 하는 수 없이 철교를 건너기로 했다. 아예 도로 한가
운데서 페달을 밟아 중간쯤 오르고 있는데 트럭 한 대가 뒤에서 나를 엄호

하며 천천히 따라왔다. 작은 배려에 감동을 느낀 나는 트럭 운전자에게 고마움을 담아 엄지를 치켜세웠다. 이윽고 오르막의 정점을 찍은 자전거는 중력의 힘을 받아 빠른 속도로 미끄러졌다. 중미의 끝자락 파나마시티에 입성한 순간이다. 속도계에 찍힌 누적 거리 1만km 돌파. 목적지에 도착했다는 기쁨에 젖어 한동안 자유를 만끽했다.

이젠 어디로 가지? 반나절 동안 돌아다니다가 1차원적인 물음에 부딪혔다. 처음으로 남미 일정을 고려하게 되었다. 일단 파나마 시티에서 콜롬비아는 육로로 이동할 수 없었다. 비행기나 배편을 구해야 했고 닳아버린 타이어도 교체해야 했다. 마침 한국에서 자전거 숍 사장님에게 타이어를 포함한 자전거 용품을 여럿 보내 주겠다는 연락을 받은 참이었다. 한국에서 파나마까지 국제 택배가 배송되는 데 걸리는 시간은 대략 2주. 즉, 파나마에 보름 동안 체류하면 될 것 같았다. 이튿날부터 한식당을 전전하며 자문을 구하고

다녔다. 처음 보는 분에게 다짜고짜 빈방이 있는지, 며칠 지낼 수 있을지 물었다. 이런 내 모습을 가엾게 봐 준 한 한식당 사장님이 고민 끝에 자신의 집으로 나를 초대했다.

사장님의 집은 파나마시티의 전경이 한눈에 보이는 높은 빌딩이었다. 사장님은 체력을 보충하라며 매일 한식을 대접하는 것으로 모자라 내 생일이던 날 조촐하게나마 파티를 열어 주었다. 케이크 대신 김치전 앞에서, 촛불 대신 라이터 불을 켠 채 생일 축하 노래를 들었다. 다소 터프한 파티였지만 스물일곱 번째 생일은 잊지 못할 특별한 생일로 기억에 남을 것 같았다. 사람들과 맛있는 음식을 나눠 먹으며 대화를 나눴다. 다음 여행지는 어디로 가느냐는 질문이 압도적이었다. 나는 타이어를 받는 대로 콜롬비아로 향할 거라고 대답했다. 사람들은 나를 회유했다. 콜롬비아는 위험하니 에콰도르로 갈 것을 당부했다. 실제로 위험하다고 알려진 나라는 여행하기 전 수십 번 고민해야 했지만 스스로 결정한 일에 책임을 지기로 했다. 걱정은 감사하지만 뜻을 굽히지 않겠다고 밝혔다.

"새로운 곳에서 좋은 사람과 이어질 거예요. 지금처럼 말이죠."

느닷없이 찾아온 불청객에게 단지 동포라는 이유만으로 성심껏 챙겨 준 한식당 사장님, 파나마 시티까지 도움의 연락을 건넨 자전거 숍 사장님에게 무한한 감사를 느꼈다. 한국인의 정情은 지구 반대편에도 존재했다. 며칠 후 자전거 용품이 가득 담긴 택배를 받아 타이어를 교체한 나는 콜롬비아행 비행기에 몸을 실었다. 이제, 남아메리카다!

3

Adios!
남아메리카

Colombia · Ecuador
Peru · Bolivia
Chile · Argentina

1

COLOMBIA
ECUADOR

과거 마약 도시에서
관광 도시로의 탈바꿈

호세마리아 코르도바 국제공항(Jose Maria Cordova) ○———○ 메데인(Medellin) 40km

비 그리고 맑음

　　콜롬비아, 하면 떠오르는 두 가지가 있다. 바로 커피와 마약이다. 콜롬비아는 전 세계 커피 생산량의 12% 이상을 차지하는 커피 생산국이다. 품질 면에서는 세계 1위를 자부한다. 안데스산맥의 높은 고산지대에서 비옥한 화산재 토양과 적절한 강수량을 바탕으로 커피콩을 생산하기 때문이다. 대표적으로 띤또Tinto라는 전통 블랙커피가 있는데 풍미가 깊고 진한 향이 일품이다.

　　한편 1980년대 전 세계 마약의 80% 이상을 수출하던 국가 역시 콜롬비아다. 여기서 마약왕 '파블로 에스코바르'를 빼놓고 이야기할 수 없다. 빈민의 자식으로 태어난 그는 막대한 양의 코카인을 미국에 밀수하며 큰 부를 쌓았는데 전성기로 말하면 30조가 넘는 검은 돈을 쥐었다고 한다. 정부 입장에서 치명적인 존재였지만 빈곤층에게만은 달랐다. 주택을 비롯한 복합시설을 지어주는 등 양면적인 모습으로 일부 사람들의 추앙을 받기도 했던 것이다. 어쨌거나 범죄를 일삼고 극악의 치안 상황을 만들어 21세기 초까지 메데인 주민들을 궁핍과 불안 속에 밀어 넣은 인물로 좋게 평가할 수는 없다.

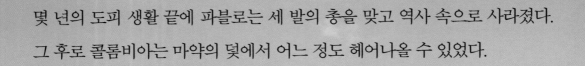

몇 년의 도피 생활 끝에 파블로는 세 발의 총을 맞고 역사 속으로 사라졌다. 그 후로 콜롬비아는 마약의 덫에서 어느 정도 헤어나올 수 있었다.

　다시 자전거 탄 풍경으로 돌아오자면 남미 여행은 호세 마리아 코르도바 공항에서 시작되었다. 해발 2,200m에 위치한 공항에서 메데인Medellin까지의 30km는 내리막의 연속이었다. 시속 60km로 빠른 속력을 자랑하며 산길을 단숨에 내려갔다. 반나절 후 콜롬비아 제2의 도시 메데인에 자전거 퀵 스탠드를 세웠다. 탁!

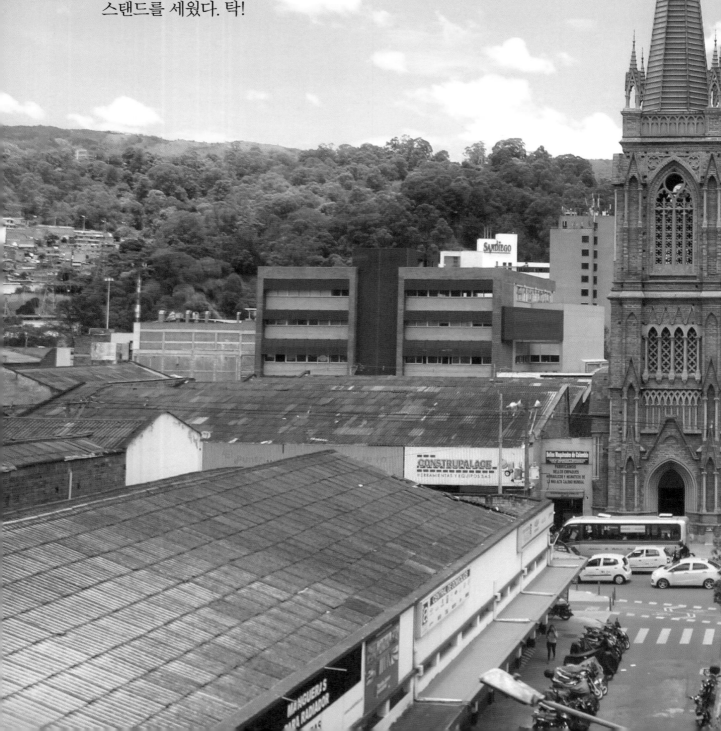

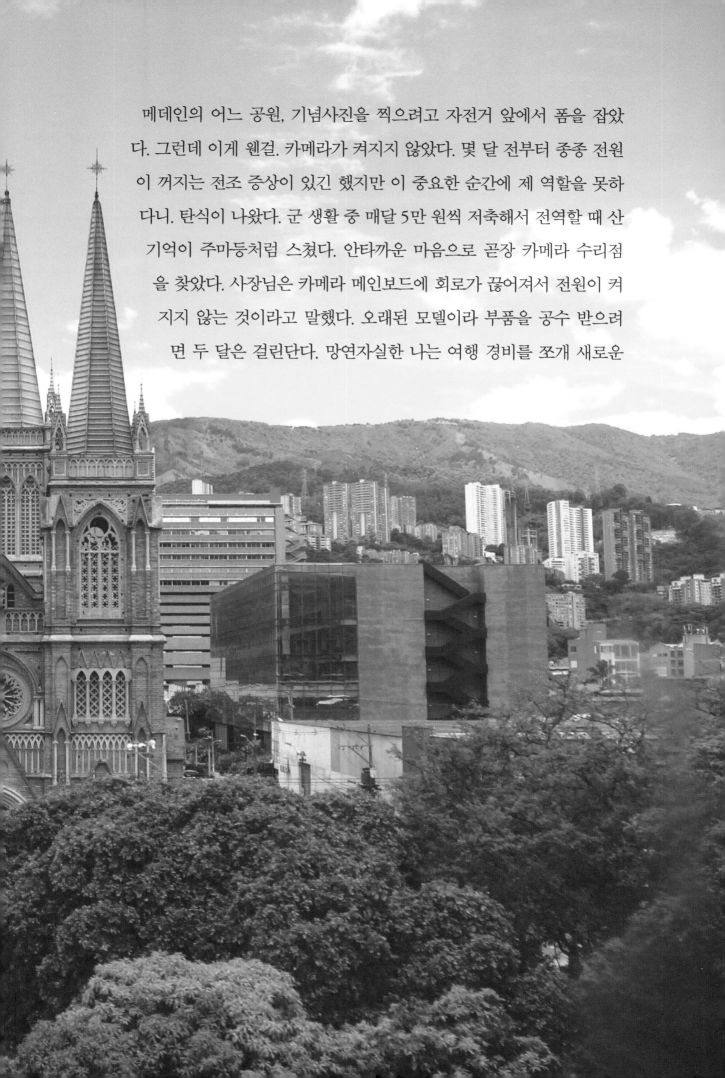

메데인의 어느 공원, 기념사진을 찍으려고 자전거 앞에서 폼을 잡았다. 그런데 이게 웬걸. 카메라가 켜지지 않았다. 몇 달 전부터 종종 전원이 꺼지는 전조 증상이 있긴 했지만 이 중요한 순간에 제 역할을 못하다니. 탄식이 나왔다. 군 생활 중 매달 5만 원씩 저축해서 전역할 때 산 기억이 주마등처럼 스쳤다. 안타까운 마음으로 곧장 카메라 수리점을 찾았다. 사장님은 카메라 메인보드에 회로가 끊어져서 전원이 켜지지 않는 것이라고 말했다. 오래된 모델이라 부품을 공수 받으려면 두 달은 걸린단다. 망연자실한 나는 여행 경비를 쪼개 새로운 카메라를 구매하기로 했다. 걱정거리를 매듭짓고 밖으로 나오니 그제야 곳 곳에 숨겨진 메데인의 풍경이 눈에 들어왔다.

청춘 가슴이 시키는 대로

풍문으로 들었던 것과 달리 메데인은 매력적인 도시였다. 21세기 콜롬비아 정부가 치안과 문화 개혁에 갖은 노력을 쏟아부은 덕분에 메데인을 여행하는 동안 위협을 느낀 일은 거의 없었다. 길거리를 걸으면 사람들이 먼저 인사를 건넸고 내 카메라를 가리키며 사진을 찍어 달라 부탁했다. 신호를 기다리는 차량 앞에 팁을 받으려는 청년들이 춤을 추고 있었다. 불을 뿜는 등 묘기를 부리다 신호등이 바뀌자 삽시간에 사라졌는데 마치 제한된 시간 안에 관객을 웃겨야 하는 광대 같았다. 도시는 활력이 넘쳤고 사람들의 얼굴에는 여유가 묻어났다.

메데인 중심가에 위치한 호스텔에서 여독을 풀기로 했다. 많은 여행자를 만났는데 기억에 남는 사람은 바로 호스텔 매니저 모니카였다. 그녀는 캐나다 출신 여행자로 돈을 모으기 위해 잠시 동안 호스텔 매니저로 근무하고 있었다. 초췌한 행색으로 초인종을 누르던 나를 웃으며 반겨 주던 모니카는 하회탈처럼 복스럽게 웃는 얼굴에서 순수함이 풍겨져 나왔다. 모니카는 나와 같이 자전거를 정말 사랑했다. 주로 산악 자전거를 즐겨 타는데 한 번 라이딩을 나가면 100km는 거뜬하단다. 그 강인함을 반증하듯 피부가 까무잡잡했다. 평범한 인물로 보이지 않았던 것이 그녀의 첫인상이다.

콜롬비아 화가 보테로의 작품을 무료로 볼 수 있다는 미술관 정보를 모니카에게서 입수했다. 공짜 문화생활 찬스를 놓칠 리 없는 나는 모니카와 함께 안티오키아 미술관을 방문했다. '예술은 일상의 고됨으로부터 영혼을 쉴 수 있게 해준다'는 명언을 남긴 보테로. 이 날은 보테로의 생일을 기념해 미술관 측에서 맥주를 무료로 나눠주고 있었다. 몇 병을 마시든 공짜! 명성만 세계적인 줄 알았는데 거장은 배포 또한 남달랐다.

미술관을 나와서 레스토랑을 찾았다. 이곳에 몇 번 방문한 적이 있던 모니카는 피자를 정성스레 추천해 주었다. 음료를 입에 대고 한 모금 적신 그녀가 입을 열었다.

"Min, 너는 언제까지 메데인에 머물거니?"

"모르겠어. 조만간 콜롬비아 남부로 떠나겠지?"

"일요일에 열리는 마라톤 대회에 참가할 건데 너도 같이 갈래? 좋은 추억이 될 거야."

"방금 언제 떠날지 정했어. (웃음) 달리는 네 모습을 카메라로 찍어줄게."

모니카는 기뻐했다. 사실 지금껏 도움만 받아 와서 이제는 누군가에게 도움을 주고 싶었다. 여행 중 만난 누군가가 나로 인해 한국을 좋아하게 된다면 그만한 가치가 또 없었다. 이 또한 여행을 즐기는 새로운 방식이리라.

일요일 오전, 마라톤 대회가 열린 메데인은 축제를 방불케 했다. 곳곳에서 들리는 함성, 자신과의 싸움을 벌이는 참가자들. 오랜 기다림 끝에 인파 속에서 모니카를 발견했다. 나와 눈이 마주친 그녀는 함박웃음으로 인사를 대신했다. 카메라 뷰파인더 너머에 비친 그녀는 행복해 보였다.

국경을 초월해
맥주로 다진 우정

메데인(Medellin) ○───○ 라핀타다(La Pintada) 86km

☁️ 비 온 뒤 맑음

대도시 메데인을 벗어나니 산길이 이어졌다. 오랜만에 풀 내음을 맡으며 상쾌한 기분으로 자전거 바퀴를 굴렸다. 정오가 지나 내리막이 시작되자 하늘에서 거센 빗줄기가 떨어졌다. 우기를 맞은 4월의 콜롬비아는 매일 같이 비를 뿌려댔다. 나는 시속 40km를 유지하며 빗속을 달렸다. 험한 산길이라 브레이크를 잡는 일이 잦았다. 온종일 비를 맞고 저녁에 인적 없는 공사장에 텐트를 쳤다. 짐을 풀고 쉬려고 하니 이번에는 번개를 동반한 폭우가 쏟아졌다. 하늘을 찢을 듯이 우렁찬 천둥소리가 산을 가득 메웠고 텐트 플라이트(천막) 위로는 굵은 빗소리가 끊이질 않았다. 진흙물이 텐트 안으로 흘러 들어왔다. 빗물에 새 카메라가 젖을까 걱정되어 카메라를 옷가지 위에 두고 다시 잠을 청했다. 피곤함에 뻗었다가도 천둥소리와 빗소리에 몇 번이고 잠에서 깨어났다. 외롭고 두려운 밤이었다.

다음 날 아침 폭우가 그쳐 있었다. 텐트 지퍼를 열자 간밤에는 몰랐던 싱그러운 산세가 선명히 드러났다. 구름이 산봉우리 사이를 유유히 흘러가는 평화로운 풍경이 눈에 들어왔다. 축축하게 젖은 침낭을 정리하고 다시 길을

청춘 가슴이 시키는 대로

나섰다. 구름 사이로 햇살이 뻗어 나왔다. 습기 품은 차가운 아침 공기가 머릿속까지 맑게 정화해 주는 듯 했다.

청춘 가슴이 시키는 대로

정오를 지나 라핀타다La Pintada에 도착했다. 마을을 서성이자 현지인들이 휘파람을 불며 인사를 건넸다. 밝은 느낌이 드는 시골 동네라는 생각이 들었다. 구멍가게에서 장을 봐 떠나려는데 누군가가 나를 불렀다.

"헤이 아미고! 이리 와서 맥주 한 잔 마시고 가."

가게 앞에서 술판을 벌이고 있는 아저씨들이었다. 사람이 그리웠던 나는 아저씨들의 부름에 반갑게 응했다. 아침도 거른 빈속에 아저씨가 건넨 맥주 한 잔을 들이켰다. 이내 온몸으로 퍼지는 알코올. 아저씨들은 '꼬레아 꼬레아'를 외치며 환호성을 질렀다. 이에 질세라 나도 '콜롬비아'를 연발했다. 맥주 한 잔에 한국과 콜롬비아의 국경이 무너진 역사적인 순간이다.

청춘 가슴이 시키는 대로

빨간 모자가 인상적이었던 로날드는 내가 마음에 들었는지 술잔에 계속 맥주를 들이부었다. 그러고는 오늘 자기 집에서 자고 가란다. 머물 곳이 생겼다는 안도감에 맥주가 더 달게 느껴졌다. 어지간히 술에 취했다는 소리다. 로날드는 나뿐 아니라 길을 지나가는 온 동네 사람에게 맥주를 한 잔씩 권했다. 화물차 운전자도, 오토바이 택배기사도, 심지어 근무 중인 경찰한테도 휘파람을 불었다. 모여든 사람마다 맥주 한 잔의 흥겨운 인사를 나누었고 곧장 할 일을 하러 사라졌다. 한국에는 없는 허물없는 사람들 문화가 흥미로웠다. 건강한 마을이라는 생각이 들었다. 주민 한 명 한 명을 이어주는 유대감에 초점을 두었을 때는 말이다.

로날드가 엄청난 술꾼이라는 점에서는 상황을 다르게 볼 필요가 있었다. 이튿날 아침, 몸에서 술 냄새가 진동을 했는데 전날을 복기해 보니 그럴 법도 했다. 구멍가게 앞에서 기분 좋게 맥주를 마신 것까지는 좋았다. 하지만 술자리는 2차, 3차를 거쳐 5차까지 이어졌다. 나는 항복을 선언하고 테이블 앞에 병든 닭처럼 꾸벅꾸벅 졸았다. 로날드에게 집에 가자고 넌지시 말해 보았지만 그는 집으로 돌아가는 길에서도 또 다른 친구를 만나 계속 술을 들이 부었다. 경악할 새도 없이 정신이 혼미해진 나는 먼저 그의 집에 들어가 잠이 들었다. 하루 종일 자전거를 타는 것보다 더 힘든 날이었다. 역시 술은 과유불급. 적당한 것이 최고다.

마야와의 재회 그리고
또 한 번의 이별

콜롬비아, 포파얀

칼리(Cali) ○———○ 파스토(Pasto) 455km

⛅ 비 가끔 맑음

나흘간 비를 맞으며 도착한 칼리Cali에서 좋은 소식을 접했다. 멕시코 여행 중에 만났던 자전거 여행자 마야에게 연락이 온 것이다. 마침 마야도 콜롬비아를 여행 중이었다. 우리는 칼리에서 170km 떨어진 남쪽 마을 코코누코Coconuco에서 만나기로 약속했다.

"Min! 스페인어 공부 많이 했어?"

며칠 뒤 수개월 만에 만난 마야가 나를 보자마자 했던 말이다. 켄드라와 과테말라에서 헤어진 마야는 두 달간 칠레 여행자와 중앙아메리카를 주파하고 콜롬비아부턴 홀로 여행 중이었다. 재회의 기쁨에 우리는 서로를 힘차게 끌어안았다. 다시 만난 그녀는 지난 번보다 한층 여유 있는 미소를 띠며 근황을 물어왔다. 마야의 자전거 타이어는 트레드가

청춘 가슴이 시키는 대로

닳아서 프로텍션 벨트가 다 드러나 있었다. 캐나다 밴쿠버에서부터 남아메리카까지 1만 km가 넘는 거리를 이동했으니 장거리용 타이어라도 남아날 리 없긴 했다. 어느덧 자전거 여행의 고수가 된 마야와의 여정은 긴 여행에 새로운 재미로 다가왔다. 콜롬비아 여행의 막바지, 국경 마을 파스토Pasto를 향한 동행이 시작되었다.

파스토로 향하는 길은 해발고도 2,000m에 가까운 고산지대였다. 굽은 길은 기본이고 반복되는 오르막과 내리막이 성가시기 그지없었다. 게다가 우기를 맞은 하늘은 시도 때도 없이 비를 뿌려댔다. 이런 길도 그녀와 함께라면 즐거웠다. 우리는 서로를 추월할 때 페달링을 하며 엉덩이를 씰룩거리는 장난을 치거나 힘이 나는 노래를 불러 주었다. 한 번은 내리막을 내려오는데 하늘에 구멍이라도 뚫린 듯 소나기가 쏟아졌다. 비 피할 곳을 찾아 브레이크를 잡으며 앞이 보이지 않는 산길을 내려왔다. 이윽고 민가를 발견해 우선 비를 피했다. 우리는 흠뻑 젖은 서로의 모습을 보고 미친 듯이 웃었다. 웃음소리를 듣고 나온 집주인은 우리를 쫓아내지 않고 도리어 따뜻한 커피와 치즈를 내주었다.

이튿날에도 산길은 계속 이어졌다. 마야와 나는 자전거 타는 스타일이 조금 달랐다. 무거운 짐 때문에 오르막에서는 자전거를 끌고 다니는 나와 달리 그녀는 클릿 슈즈를 사용해서 페달링을 멈추는 법이 없었다. 다만 내리막에서는 브레이크를 자주 이용했다. 이런 까닭에 오르막에서는 항상 내가 뒤처지고 내리막과 평지에서는 마야가 뒤처졌다. 서로의 라이딩 스타일을 존중했기에 동행할 수 있었던 것 같다.

파스토를 100km 앞둔 시점부터는 오르막길만 계속되어 마야가 나를 기다려야 하는 상황이 잦았다. 미안한 마음에 무리하게 자전거를 끌다가 종아리에 쥐가 났다. 이런 적도 있었다. 마야를 서둘러 쫓아가며 울퉁불퉁한 비포장 길을 질주하고 있던 그때 움푹 파인 구덩이에 걸려 뒷바퀴가 '펑'하고 터져 버렸다. 자전거가 짐의 무게를 견디지 못한 모양이다. 바로 뒤에 트럭이 따라오고 있어 놀랄 겨를 없이 펑크 난 자전거를 굴려야 했다. 어렵사리

갓길에 세운 다음 숨을 몰아쉬었다. 등골이 서늘했다. 하마터면 콜롬비아 귀신이 될 뻔했다.

평크를 때우고 산을 내려오니 마야가 두 손을 흔들며 나를 반겼다. 마을 입구에서 기다리는 동안 새로운 친구를 사귀었다며 실내 취침을 할 수 있을 거라는 반가운 소식을 전했다. 그 친구는 동네 구멍가게 주인이었다. 먼저 저녁을 제공해 주어 감사히 식사를 할 수 있었다. 스페인어에 능통한 마야는 주인과 스스럼없이 소통했다. 입과 접시를 오가는 숟가락 사이로 이야기 꽃이 활짝 피었다.

다음 날 아침, 마야가 이를 닦으며 나에게 말했다.

"Min, 아무래도 우리 따로 여행하는 게 좋겠지?"

전날 나 때문에 한참을 기다렸을 마야를 생각하니 또다시 미안한 마음이 들었다. 그녀의 의견을 존중하기로 해 고개를 끄덕였다. 마야의 눈시울이 붉어졌다. 아마도 복잡한 무언가가 그녀의 마음을 건드린 모양이었다. 돌이켜 보면 우리가 함께 여행하는 동안 그녀는 내내 가족을 그리워 했다. 캐나다를 떠난 지 8개월. 흔히 여행을 떠나고 1년 전후로 여행 슬럼프가 찾아온다고들 한다. 언제 여행을 끝내도 이상하지 않을 고독한 기분은 나도 경험한 바 있다. 쪼그리고 앉아 있는 마야가 많이 지쳐 보였다. 내가 조금 더 좋은 사람이었다면, 조금 더 배려심이 많았더라면 그녀를 잘 다독여 줄 수 있었을 텐데. 친구로서 위안이 되지 못한 것 같아 자꾸만 안타까웠다.

마야는 파스토로 먼저 출발했다. 허벅지와 종아리에 무리가 온 나는 트럭을 얻어 타고 이동해야 했다. 우리의 목표였던 파스토에서 마지막으로 만나 며칠간 여독을 풀며 시간을 보냈다. 그 뒤로 서로에게 행운을 빌며 각자의 여행길에 올랐다. 긴 여행을 끝내고 집으로 돌아가서도 행복하길 바라, 마야!

세상의 중심에서
자유를 외치다

에콰도르, 이바르

파스토(Pasto) ○————○ 키토(Quito) 357km

🌧 비 온 뒤 무지개, 흐림

　새로운 나라에 입국하면 마트나 구멍가게에 들러 그 나라의 물가를 먼저 확인했다. 달러를 쓰는 에콰도르는 콜롬비아에 비해서 물가가 비쌌다. 허름한 식당에서의 한 끼 식사가 4달러 정도. 국경에서 에콰도르의 수도 키토Quito까지는 250km 남짓인데 험한 산길이 이어져 고단한 코스였다. 비를 피해 폐가에 텐트를 친 이튿날, 자고 일어나니 부슬비가 내리고 있었다. 잠시후 비가 그쳤고 동쪽 하늘에 선명하고 둥근 무지개가 모습을 드러냈다. 고생 끝에 마주해서인지 너무도 아름다웠다. 무지개가 제시해 주는 길을 따라 자전거 페달을 돌렸다. 축축한 노면 위로 젖은 타이어가 빗물을 튀기며 힘차게 굴러갔다. 에콰도르에서는 어떤 일이 펼쳐질까?

　원주민어로 지구의 중앙이라 일컫는 키토는 마지막 30km가 절정이었다. 평지가 전무한 급경사의 연속이라 자전거를 탈 수 없었기 때문이다. 자전거를 끌고 온종일 산을 오르자니 아킬레스건이 욱신거렸다. 며칠간 누적된 피로도 한몫 했다. 10km 밖에 남지 않았지만 도로 위에 자전거를 내팽개쳐 주저앉았다. 히치하이킹을 시도해도 됐을 일인데 왜인지 오기가 발동해

178　　　　　　　　　　　　　　　　　　　청춘 가슴이 시키는 대로

끝까지 두 발로 다다르리라 결심했다. 결국 하루 더 길에서 노숙하고 이튼 날 정오가 되어서야 키토에 도착했다. 힘들었던 만큼 도시에 도착했을 때의 성취감은 이루 말할 수 없었다.

며칠 간 휴식을 취하고 나서 인티난 적도 박물관Museo Itinan에 향했다. 이곳에선 관광객이 여러 가지 체험을 할 수 있었다. 그중 나는 지구 자전의 증거인 전향력 실험이 가장 인상 깊었다. 적도와 북반구, 남반구의 전향력이 어떻게 다른지 확인하는 실험이었는데 그 방법은 간단했다. 물이 가득 찬 싱크대에 구멍을 막은 마개를 뽑았을 때 물이 어느 방향으로 회전하며 내려가는지 지켜보면 되었다. 지구의 자전축은 적도와 수직이고 자전하는 궤도는 적도와 일치하기 때문에 적도에서는 전향력이 0이 되었다. 적도 박물관 중앙을 관통하는 적도선 위에서는 물줄기가 회전 없이 곧장 내려가는 반면 적도선 북쪽에서는 시계 반대 방향을, 적도선 남쪽에서는 시계방향을 그리며 물줄기가 하수구로 내려갔다.

못 위에 달걀이 놓이는 마법 같은 현상도 적도 위에서는 상식이 되었다. 달걀 세우기 실험은 성공한 사람에 한하여 에그 마스터Egg Master 도장을 여권

에 찍어줬는데 안타깝게도 나는 실험에 실패했다. 중력과는 별개로 못 위에 달걀을 세우는 것은 쉽지 않았다. 이 밖에도 자기장의 영향으로 자석을 공중에 띄우는 실험 등 다양하게 체험할 수 있었다. 또 적도에서만 몸무게가 1kg 가량 줄어든다고 하니 다이어트에 관심 많은 사람이라면 적도선 위에서는 안심하고 디저트를 즐겨 보자.

청춘 가슴이 시키는 대로

하루 펑크
세 번의 잔혹함

에콰도르, 과야킬

키토(Quito) ○────○ 아레니자스(Arenillas) 805km

비 그리고 맑음

키토는 도시에 진입할 때도 사람 고생시키더니 도시를 빠져나가는 길 또한 험악한 산길의 연속이었다. 설상가상으로 프레임에 달아놓은 물통 케이지가 두 동강 나서 안 그래도 힘든 여행길이 더 궁지로 몰리는 듯했다. 자전거 탈 때 물 때문에 스트레스 받고 싶지 않아 프레임에 최대한 많이 붙여놓은 것인데! 부서진 물통 케이지를 바라보자니 마음이 아렸다. 진즉에 고장났더라면 도시에 있을 때 정비했을 텐데.

험난한 오르막 끝자락에 다다랐을 즈음에는 부슬비가 내리기 시작했다. 이내 사방에 짙은 안개가 내려앉아 50m 앞도 내다보이지 않았다. 자전거를 타면 위험할 것 같아서 도로변 주유소에서 빵과 우유를 먹으며 안개가 걷히기를 기다렸다. 그러기를 30분. 안개가 약간 걷힌 것을 확인하고 다시 자전거를 탔지만 금세 안개가 시야를 가로막았다. 위험을 감지하고 주유소로 다시 돌아갈까 고민하다 그냥 안개 속을 달리기로 했다. 뇌리에서 '위험'이라는 단어가 계속해서 깜빡거렸다. 촉촉하게 머리카락을 적시는 안개 속에서 연신 브레이크를 움켜쥐며 1시간가량 짜릿한 라이딩을 즐겼다.

　오후가 되어 어느 정도 고도가 낮아지자 안개가 걷혔다. 하루 종일 비를 맞은지라 피로감이 심했다. 때마침 도로변에 비를 피할 수 있는 공사장이 보여서 핸들을 돌렸다. 공사장에 쭈그리고 앉아 비가 그치길 기다렸다. 야속하게도 1시간이 지나도 빗줄기는 거세질 뿐이었다. 조금 이른 시간이었지만 공사장에서 캠핑하기로 마음먹고 주렁주렁 매단 짐을 풀고 텐트를 쳤다. 그때 어디선가 공사장 관리자가 우산을 쓰고 나에게 다가왔다.

"비가 와서 그러는데 오늘 밤만 여기서 캠핑해도 될까요?"

　물에 빠진 생쥐 꼴이던 나는 간곡하게 부탁했지만 관리자는 무뚝뚝한 얼굴로 'No'라고 대답하며 고개를 저었다. 그러고는 당장 여기서 나가라며 윽박질렀다. 허락 없이 공사장에 텐트를 친 건 잘못이었지만 비 오는 날 야단을 맞으니 참 서운했다. 그래도 쌀에 물 붓기 전에 쫓겨난 걸 다행으로 여기며 다시 빗속을 활보했다. 10km 넘게 산길을 내려가니 도로변에서 화물차를 상대로 장사를 하는 음식점이 보였다. 이번에는 주인에게 먼저 허락을 받고 텐트를 쳤다. 온종일 내린 비로 축축하게 젖은 몸을 텐트에 뉘었을 때는 입에서 안도의 탄성이 절로 터져 나왔다. 내 집 마련의 어려움을 간접적으로 경험한 날 되시겠다.

다음 날, 오전부터 드넓은 평야가 펼쳐졌다. 부채로 써도 손색없는 야자수의 커다란 이파리가 그렇게 반가울 수가 없다. 그간 산에서 흘린 땀방울을 바람에 실어 보내며 상쾌함을 보상 받았다. 평지 구간은 역시 편했다. 그 결과 3일 만에 450km를 주파하여 에콰도르 남부의 항구도시 과야킬Guayaquil까지 한숨에 다다랐다. 시내 한 호스텔에서 얼마간 머물렀는데 오래 머무를 생각이 없었기에 다시 길을 떠났다. 페루 국경까지 300km가 남아 있었다.

평탄한 여정을 예상했지만 한 치 앞을 알 수 없는 것이 여행의 묘미인 법. 하루는 텐트를 정리하고 자전거에 짐을 싣는데 뒷바퀴가 영 시원치 않아서 확인해 보니 바퀴에 바람이 빠져 있었다. 대수롭지 않게 펑크난 부분을 때우고 다시 자전거를 탔다. 하지만 얼마 되지 않아 뒷바퀴에 커다란 못이 박혀 구멍이 나 버렸다. 펑크 패치로는 해결하기 힘들어서 가지고 있던 마지막 튜브로 타이어를 교체했다. 다시 길을 나선 30분쯤, 이번에는 앞바퀴에 펑크가 났다. 입에서

외마디 욕이 튀어나왔다. 화가 났지만 이미 벌어진 일을 어떡하겠는가. 이런 일쯤은 아무것도 아니라는 긍정적인 마음으로 되뇌었다. 이 또한 지나가리라, 이 또한 지나가리라, 이 또한 지나가리라… 길가에 쭈그리고 앉아 손에 기름때 묻히며 펑크를 때웠다. 또 펑크가 난다면 그 자리에 텐트를 치라는 하늘의 뜻이라 생각하기로 했다.

평지 라이딩은 편할 거라 생각했지만 나흘 동안 앞뒤로 똑같은 풍경의 바나나 숲을 통과하는 지루함이 복병이었다. 길가에는 나무에서 떨어져 뭉개진 바나나가 가득했고 바나나 주변에 벌레가 들끓었다. 몇 개 주워 먹을까 고민했지만 위생을 생각해서 그러지 않았다. 대신 구멍가게에서 한 송이 50센트로 싼값에 바나나를 구매해서 끼니 대용으로 먹었다. 에콰도르는 세계적인 바나나 생산국이다.

페루 국경까지 도달한 어느 날 저녁, 마땅한 장소를 물색하며 밤길을 서성거렸다. 그러다 아이들이 놀고 있는 농구장을 발견했다. 오후 8시가 넘은 시간이라 모두 집으로 돌아가면 농구장 구석에 텐트를 칠 생각이었다. 하지만 아이들은 집에가기는커녕 낯선 동양인에게 다가와 반가움을 표했다.

"어디서 왔어? 이름이 뭐야?"
"내 이름은 민형 킴이야."
"민흥 킹? 하하하 이상한 이름이네!"

내 이름을 듣고 박장대소하는 순박한 아이들. 어릴 적 남미 축구를 볼 때 선수들의 긴 이름을 보며 재밌어 하던 내 모습이 아이들의 얼굴에 겹쳐 보였다. 어느 순간 동네 아이들의 관심이 나에게 쏟아졌다. 화기애애한 분위기 속에 카메라를 꺼내자 너도 나도 사진 찍어달라고 성화였다. 카메라 앞에서 포즈를 취하는 여자아이, 오토바이를 타고 와서 멋을 부리는 남자아이, 쿵후를 할 줄 아는지 물어보던 아이, 업어달라고 떼쓰는 아이까지… 방금 만났지만 아이들은 내가 꽤 마음에 든 모양이었다. 언어도 인종도 나이도 다르지만 친구가 되지 말라는 법은 없다. 한참 아이들과 재밌게 놀고 있으니 이

웃 아주머니가 자신의 집으로 나를 초대해 주었다. 마당에 텐트를 치고 밤 늦은 시간까지 아이들과 웃으며 장난을 쳤다. 에콰도르의 마지막 밤은 그렇게 깊어갔다.

현명하게 숙박하는 법

"어디에서 텐트 치나요?"

대다수의 사람들이 미지의 세계는 곧 위험한 곳이라는 편견에 사로잡혀 있다. 실제로 위험한 곳에 방문하기도 했지만 어딜 가든 결국 사람 사는 곳은 비슷했다. 방심하지 않고 긴장의 끈을 팽팽히 유지한다면 어디에서 자더라도 하룻밤 안전하게 보낼 수 있다.

1. 현지인집 마당

가장 안전한 캠핑 방법이다. 아메리카 대륙의 많은 사람들이 마당을 가지고 있다. 해 질 녘에 마을을 돌아다니며 마당에 나와 있는 현지인들에게 말을 걸어 보라. "하룻밤만 마당에서 캠핑할 수 있을까요?" 마당에 텐트를 치면 일단 안전은 확보된 셈이다. 새로 만난 가족과 문화를 교류할 수도, 한 끼 식사와 물을 제공받을 수도 있다. 물론 어느 정도의 거리는 유지하는 게 서로에 대한 매너다. 그들이 마음의 문을 활짝 열었을 때에야 비로소 친구가 될 수 있다.

2. 들판

외부적 환경에 구애받지 않고 잠을 해결하는 방법이다. 되도록 도로변에 보이지 않는 곳에 텐트를 치는 것이 좋다. 텐트와 에어매트에 구멍이 날수 있으니 들판에 뾰족한 것이 없는지 먼저 확인하자. 확인 후 문제가 없으면 텐트를 쳐도 좋다. 단, 식수는 신경 써야 한다. 요리에 쓸 물과 이튿날 물을 구할 장소에 이동하기까지 마실 물이 필요하다. 최소 3L의 물이 있어야 와일드 캠핑할 때 걱정 없이 잠자리에 들 수 있다. 안전하게 밤을 보냈다면 캠핑한 장소에 흔적을 남기지 않고 떠나는 게 여행자의 가장 중요한 미덕이다.

3. 공사장, 폐가

언뜻 공사장과 폐가를 무서운 장소로 인식할 수 있다. 하지만 두 곳은 밤사이 바람을 막아주고 비를 피할 수도 있으며 지면의 냉기를 차단해 주는 훌륭한 공간이다. 폐가의 경우 물과 식량이 충분하다면 이튿날 하루 더 휴식을 취할 수도 있다. 공사장은 이른 아침 노동자들이 일터로 몰려오는 경우도 있으니 되도록 빨리 텐트를 걷어야 한다. 낭만을 추구하는 여행이 누군가에게 피해를 주어서는 안 된다는 것을 명심하자.

4. 캠핑장

보통 대도시 주변이나 관광지에는 캠핑장이 존재한다. 가끔 무료 캠핑장도 있지만 유료인 경우가 더 많다. 비용은 5달러에서 25달러까지 다양하다. 캠핑장에서는 와이파이를 쓸 수 있고 따뜻한 물로 샤워를 할 수도 있다. 종종 캠핑장에서 오토바이나 캠핑카 여행자를 만나기도 한다.

5. 호스텔

며칠간 노숙을 하면 실내가 그리워질 때가 있다. 전자기기도 충전을 해야 하니 이럴 때는 호스텔을 이용하자. 물가가 저렴한 나라에서는 하루 7달러 정도로 실내 취침이 가능하다(단 캐나다, 미국, 코스타리카, 칠레는 가격이 비싸다). 호스텔을 선택할 때는 부엌 사용 여부를 파악하는 것이 좋다. 장기 여행자가 매 끼니를 외식으로 해결하기엔 부담이 따르기 때문이다. 호스텔은 다양한 나라의 배낭여행자들이 모이는 집합소다. 그들과 어울리며 각자의 나라에 대한 이야기를 공유하는 것은 정말 재밌고 유익하다.

■ 웜샤워 이용하기

웜샤워Warm Showers란 자전거 여행자를 위한 세계적인 무료 숙박 커뮤니티를 말한다. 현재 전 세계 16만 명의 회원이 있으며 약 10만 명의 호스트가 무료로 자신의 집을 자전거 여행자에게 제공하고 있다. 숙박비가 비싼 캐나다, 미국, 유럽에서는 절대적인 인기를 얻고 있으며 중남미에서도 종종 호스트를 만날 수 있다. 이용 방법은 간단하다. 사이트에 회원 가입을 하고 내가 갈 도시 근처에 호스트가 있는지 확인 후 메시지를 보내면 된다. 자전거와 여행을 좋아하는 공통분모로 호스트와 빠르게 가까워질 수 있다. 대부분의 호스트는 게스트에게 호의적이며 친절을 베푼다.

하지만 호스트와 원활한 관계를 유지하기 위해선 예의를 지키는 것은 필수다. 맹목적으로 호스트에게 무언가를 바라지 말라. 또한 자신이 호스트를 위해 할 수 있는 일을 찾아라. 함께 요리를 해도 좋고 마을을 산책해도 좋다. 늦은 밤 술잔을 기울이며 여행 이야기를 들려 주는 것도 하나의 방법이다.

호스트와 게스트 간에 돈이 오고 가지는 않지만 선의와 추억은 주고받을 수 있다. 또한 호스트에게 언제 떠날지 미리 알려주는 것이 좋다. 체류 기간은 3일을 넘기지 않도록 주의하자. 며칠간 신세를 졌다면 커뮤니티에서 호스트에게 좋은 평가를 남겨 주는 것도 잊지 말자. 그리고 SNS 등으로 인연을 계속 이어가길 권한다. 호스트가 한국에 방문하면 그때는 당신이 호스트가 될 차례니까.

2

PERU
BOLIVIA

태양의 나라
페루

툼베스(Tumbes) ○———○ 탈라래(Talara) 190km

☀ 폭염

태양의 나라 페루에 입국하자 드넓은 사막이 펼쳐졌다. 한반도 면적의 여섯 배인 거대한 나라 페루. 이민국을 빠져나오기 무섭게 페루의 수도 리마Lima까지 1,300km가 남았다는 이정표가 보였다. 자전거로 가려면 2주 이상이 소요될 것으로 예상됐다. 사막이 형성된 태평양 해안가, 높은 고원의 안데스산맥, 열대우림이 무성한 아마존까지. 페루는 한국에서 느낄 수 없는 대자연을 간직한 땅이다. 잃어버린 고대 도시 맞추픽추Machu picchu, 무지개 산 비니쿤카vinicunca, 오아시스 도시 이카Ica를 비롯해 세계적인 관광지가 넘쳐나는 페루에서는 트레킹을 다니며 고대 잉카인들의 발자취를 따라갈 생각이었다.

수도 리마를 향해서 설레는 마음으로 태평양 연안을 따라 사막 길을 달렸다. 바닷가라 그런지 바람이 건조하지 않았다. 습기를 머금은 공기가 지나치며 이마에 맺힌 땀방울을 말려 주었다. 바다와 사막의 조합은 멕시코 이후 오랜만이었다. 나는 바다 냄새가 물씬 풍기는 라틴 문화를 즐겼고 페루가 딱 그러했다. 페루는 물가가 정말 저렴했다. 태양을 의미하는 솔sol을 화

폐 단위로 사용하는데 3.3솔이 1달러 정도였다. 사막의 작은 마을에서는 쌀밥에 곁들인 해산물 요리를 6솔이면 먹을 수 있었다.

황무지 같은 사막을 달릴 때면 종종 폐허 같은 민가가 보였다. 사람이 없을 것 같지만 집 앞에서 소꿉장난하는 아이들이 눈에 들어왔다. 아이들은 나를 빤히 쳐다보다가 이내 손을 흔들어 인사를 건넸다. 대부분의 민가 옥상에는 물탱크가 자리를 차지하고 있었다. 사막에는 대머리 독수리도 있었는데 높은 전봇대에 앉아 날카로운 눈빛으로 주변을 살폈다. 사람을 공격하진 않고 로드킬을 당해 도로 위에 널브러진 동물의 시체를 떼를 지어 뜯어 먹고 있었다. 사막 위의 포식자보단 '청소부'의 이미지가 강했다.

도로변에 점심이라는 뜻의 'Almuerzo' 간판을 보고 끼니를 해결하러 식당에 들어갔다. 딱히 정해진 메뉴가 없어서 주인에게 물어보니 열정적으로 음식을 설명해 주었다. 나는 손가락으로 동그라미를 만들며 주인이 설명한 음식을 주문했다. 물론 무슨 음식이 나올지는 복불복이었다. 배고픈 여행자 신분이니 어떤 음식도 마다할 이유가 없었다. 속사포처럼 내뱉는 주인의 스페인어를 전부 이해했을 리 없지만 이럴 때는 알아듣는 '척'이 필요하다. 내가 주문한 음식은 생선 튀김과 스프. 아주 탁월한 선택이었다.

해변에서 캠핑을 했던 날 아침, 떠날 채비를 하던 중에 자전거 리어랙의 볼트가 빠져있는 것을 알아챘다. 50km 남쪽의 탈라라Talara라는 공업 도시

　　　　　　　　　　청춘 가슴이 시키는 대로

로 이동해서 부품을 구하기로 했다. 바닷가를 벗어난 사막 길은 점차 건조한 바람을 내뿜었다. 모래 언덕이 시작되어 굴곡이 심한 사막 길이 이어졌다. 한밤중에야 도착하겠구나 생각하며 자전거를 끌고 모래 언덕을 올랐다. 얼마 지나지 않아 전방에 트럭 한 대가 시동을 켠 채 멈춰 있는 것을 발견했다. 트럭 주인은 앞으로 탈라라까지는 굴곡도 심하고 역풍이 많이 불 테니 타라며, 자전거를 트럭에 실어주겠다고 말했다. 나는 '그라시아스'를 연발하며 자전거를 트럭에 실었다. 아저씨의 말대로 트럭은 구부정한 길을 정말한 시간이 넘도록 달렸다.

　　마을에 도착하고 나서 철물점에 들러 볼트를 찾았다. 아무리 애써 찾아도 자전거 용 볼트는 보이지 않았다. 혹시나 하는 마음에 패니어 가방 구석을 뒤지다가 예비용 볼트를 찾아냈다. 안도의 한숨이 나왔다.

'등잔 밑이 어둡다더니...'

만남과 이별은
맞닿아 있다

페루, 카스마

트루히요(Trujillo) ○──○ 카스마(Casma) 212km

☀ 맑음

사막 위의 대도시 트루히요 Trujillo에서는 나흘간 시간을 보냈다. 그동안 밀린 빨래를 하며 휴식을 가졌다. 사막에 있는 도시치곤 물가가 저렴해서 식당에서 매 끼니를 해결했다. 6솔 2달러이면 닭고기를 얹은 쌀밥과 야채가 들어간 수프를 먹을 수 있었다. 한 식당에 매일 방문했더니 사장님이 나를 기억하며 서비스 음식을 많이 내어 주었다.

다시 리마를 향해 발걸음을 옮겼다. 리마까지는 아직도 500km가량을 더 가야했다. 도시를 벗어나자 사막이 이어졌다. 뙤약볕 아래 자전거를 타니 역시 체력 소모가 심했다. 그럼에도 머릿속에는 어두워지기 전까지 '조금만 더' 이동하려는 마음뿐이었다. 다음 날, 모래 먼지를 뒤집어 쓴 채 자전거를 타고 있는데 도로 건너편에서 누군가 'Hey amigo!' 하고 불렀다. 고개를 돌려 보니 자전거 여행자 두 명이 나를 흐뭇하게 쳐다보고 있었다. 칠레 여행자 페르난도, 아르헨티나 여행자 에세길과 만남의 순간이다. 그들은 만난 지 10분도 되지 않은 나에게 함께 캠핑하기를 제안했다. 나 또한 남미에서는 자전거 여행자들이 어떤 장비로 다니는지 궁금했던 터라 그들과 함께 밤을 보내기로 했다.

칠레인 페르난도는 드레드락으로 한껏 멋을 낸 헤어, 남자의 자존심을 상징하는 코털을 가진 정비공이었다. 그래서인지 그의 자전거는 조금 독특했다. 멀리서 그를 보면 자전거를 탄 보부상처럼 보였는데 자기가 각종 부품을 조립해서 만들었기에 세상에 하나뿐인 자전거라며 자랑스러워하는 모습이었다. 자전거 프레임에는 라디오, 칼, 수첩, GPS, 베개를 비롯한 온갖 잡동사니가 덕지덕지 붙어 있었다. 아르헨티나 여행자 에세길의 자전거 또한 비범하기는 마찬가지였다. 자전거 뒷좌석에 세 살 된 애견 '만차'가 함께 하고 있었기 때문이다. 왜 강아지와 함께 다니느냐는 내 질문에 가족이니까, 라는 심플한 대답을 내놓았다. 반려동물 만차를 세상에서 가장 행복한 강아

지로 만들어 주고 싶단다. 그 역시 풍성한 턱수염이 인상적인 여행자였다.

우리 세 자전거 여행자는 길가에 텐트를 펼쳤다. 그 다음 각자의 캠핑 도구를 꺼내 저녁을 준비했다. 가솔린을 넣는 캠핑용 버너를 쓰는 나와 달리 페르난도와 에세길은 빈 깡통에 에탄올을 적신 휴지를 넣어 불을 붙이는 방식으로 취사를 했다. 에세길과 페르난도는 화력 좋은 내 버너를 신기하게 쳐다보았다. 시시콜콜한 이야기를 나누며 파스타를 먹는데 민가 주인이 나타나 대뜸 텐트를 걷으라고 했다. 꾀죄죄한 우리를 어찌 믿고 텐트를 치게 하냐며 언성을 높이는 것이다. 결국 페르난도와 에세길의 신분증을 맡기고 이튿날 새벽 5시에 텐트를 정리하는 조건으로 하룻밤 캠핑을 허락받을 수 있었다. 사건을 평화롭게 해결한 우리는 남은 파스타를 다시 씹으며 대화를 이어갔다.

"다들 가장 최근에 씻은 게 언제야?"

에세길과 페르난도는 파스타를 우물거릴 뿐 말이 없었다. 언제 씻었는지 기억나지 않는 모양이었다. 물론 나도 다를 바 없었다.

이튿날 페르난도와 작별을 고하고 방향이 같은 에세길과 동행하기로 했다. 헤어지기 전 페르난도는 다음 만남은 한국이 될 것이라 말하며 시야에서 서서히 멀어졌다. 에세길은 30km 떨어진 카스마Casma에 친구가 살고 있다며 그곳으로 향하자고 제안했다.

오후에 도착한 카스마. 에세길의 친구 루이지는 세발 오토바이 '툭툭이'

청춘 가슴이 시키는 대로

를 타고 우리를 마중 나왔다. 집 주인 로빈슨 아저씨는 콜롬비아, 에콰도르, 칠레, 베네수엘라를 비롯한 남미 오토바이 여행자에게 무료로 잠자리를 제공하고 있었다. 오토바이가 아닌 자전거 여행자, 게다가 한국인인 나를 특별히 반겼는데 원하는 만큼 쉬다가 떠나라는 아저씨의 부드러운 말본새에서 인품이 느껴졌다. 그는 집 근처 식당으로 우리를 초대해 페루 음식을 대접해 주었다. 세비체(해산물을 회처럼 얇게 잘라 레몬즙에 재운 후 차갑게 먹는 중남미 음식)를 처음 맛본 나는 신나게 그릇을 비웠다. 옆에 있던 에세길이 기쁜 듯이 말했다.

"Min, 오늘은 드디어 우리가 씻을 수 있는 날이야."

로빈슨 아저씨의 집에서 지내는 동안 특별한 친구를 사귀었다. 바로 아저씨의 늦둥이 아들 알렉시스였다. 다소곳이 식탁에 앉아 그림을 그리던 7살 소년과는 친해지는 방법이 어렵지 않았다. 하루는 공룡을 좋아하는 알렉시스에게 그림을 몇 장 그려줬는데 선물이 마음에 들었는지 그 뒤로 항상 내 옆에 붙어 있었다. 낮에 산책을 다녀오면 '타이탄! 타이탄!'을 외치며 애니메이션 '진격의 거인'을 보자고 소파에서 나를 기다렸고 밤늦게 인터넷을 하고 있으면 조용히 옆자리에 앉아서 그림을 그렸다. 가족보다 더 가족 같았다. 오죽했으면 아주머니가 아르헨티나까지 알렉시스를 데려가라고 했을까.

5일째 되던 날 저녁, 식사를 하며 내일 떠날 예정이라고 밝혔다. 옆에 앉아 있던 알렉시스는 울상이 되어서 나를 쳐다봤다.

청춘 가슴이 시키는 대로

"Min, 가지 마. 내일 가면 언제 또 와?"

　　순진하게 묻는 알렉시스를 보니 대답이 쉽게 나오지 않았다. 7살 소년의 순수한 눈망울에 가슴이 아렸다. 일상에서와는 다르게 여행길 위에서는 어떤 이별이든 다음을 기약하기 어려웠다. 그곳이 지구 반대편이라면 더더욱. 카스마를 떠나기 전 알렉시스가 좋아하던 내 그림을 선물해 주었다. 내 시선을 담은 그 아이의 얼굴 그림이었다. 볼 때마다 나를 기억해 주길 바라는 마음이었다. 나도 이 글을 볼 때마다 그 작은 친구를 떠올릴 테니까.

별 하나에 추억,
별 하나에 그리움

페루, 후아르메이

카스마(Casma) ○────○ 후아르메이(Huarmey) 90km

☀ 맑음

에세길과 강아지 만차는 카스마에서 며칠 더 지낼 계획이라고 해서 다시 혼자가 되어 자전거 바퀴를 굴렸다. 페루 북부에서 경험했던 사막이 푸석하고 건조했다면 중부의 사막은 고운 모래입자로 이루어진 평지의 향연이었다. 마치 거대한 모래시계 안을 달리는 기분이라고나 할까. 시야의 오른

청춘 가슴이 시키는 대로

쪽으로는 태평양이 펼쳐져 이따금 습기를 품은 바람이 피부에 전해졌다. 가끔 아스팔트 위로는 아지랑이가 이글거리는 신기루 현상도 일어났다. 리마까지는 300km가 남아 있었다.

하루 종일 푸른 바다와 황금빛 모래언덕을 응시하며 자전거를 탔다. 광활한 자연을 홀로 마주할 때면 종종 서글퍼지곤 했다. 몇 백만 년에 걸쳐서 서서히 변해가는 무한한 자연에 비해 나는 앞으로 반세기 뒤에나 이 세상에서 사라질 유한한 생명체에 불과했다. 자연 앞에서 인간은 실로 작은 존재였다. 절대 권력을 가졌던 진나라의 시황제도 평생 불로불사의 약초를 찾았지만 50의 나이에 세상을 등졌지 않은가. 부와 권력에 상관없이 대부분의 인간은 100년을 채우지 못하고 죽는다. 이것은 세상의 이치이자 진리였다. 바람에 떠밀려 한없이 부스러지는 모래 알갱이를 보니 삶도 죽음도 결국 부질없다는 생각이 들었다.

사막 한가운데 텐트를 치고 파스타로 저녁을 해결했다. 자기 전에 하늘을 올려다보았다. 무수히 많은 별이 반짝거렸다. 별들 사이로 소중한 사람들의 얼굴이 스쳐 지나갔다. 여행이 길어지면서 그리움은 무수히 쌓여갔다. 밤하늘의 별을 보며 조용히 두 손을 모았다.

'지금 이 순간을 충분히 즐기고 소중한 사람과 추억을 쌓자. 가족이 생기면 내가 받은 사랑을 돌려주자. 죽기 전에는 지나간 청춘을 곱씹으며 이 세상에서 사라지자.'

수많은 별 아래 앞으로의 삶을 굳건히 다졌다. 이것이 여행 후 내가 바라는 행복한 삶이었다. 하늘의 별들은 언제까지나 나의 다짐을 증언해 주겠지.

청춘 가슴이 시키는 대로

오늘은 자전거 여행 대신
트래킹 투어

페루, 리마

리마(Lima) ○────○ 와라즈(Huaraz) 405km

☀ 맑음

드디어 리마에 입성했다. 미리 알아 둔 한인 숙소에 지내며 며칠간 아무 것도 하지 않았다. 숙소를 찾는 한국 여행자와 밤늦도록 수다를 떨거나 혼자 산책을 다녔다. 내가 머물던 미라플로레스Miraflores는 고급 주택가가 늘어선 리마의 위성 도시다. 중심가인 라르코 거리는 서울 못지않은 고층 빌딩과 호화로운 레스토랑이 즐비하고 시선을 서쪽으로 옮기면 절벽을 형성하며 솟아오른 해안 길이 펼쳐졌다. 동쪽으로는 4,000m 급 안데스산맥이 길게 늘어져 있었다. 높은 산맥을 구름이 넘지 못한 탓인지 리마는 항상 날씨가 흐렸다. 솟아오른 해안 길을 따라 거닐면 위로는 패러글라이딩이 하늘을 갈랐고 아래로는 서핑을 즐기는 사람들이 파도를 넘나들었다.

숙소에서 만난 한국인 여행자가 와라즈Huaraz의 69호수 사진을 보여주었다. 금세 매료된 나는 자전거와 짐을 숙소에 맡겨둔 채 곧장 와라즈 행 버스에 몸을 실었다. 리마에서 와라즈까지는 버스로 9시간이었다. 30솔 9달러에 2층 버스 티켓을 구입했다. 거리는 400km 정도인데 그중 절반은 험한 산길을 올라야 했다. 9시간 동안 버스에서 뭘 해야 하나 걱정했지만 버스에서 영화를 틀어 주어 다행이었다. 어디서 많이 본 배우들이 나온다 싶었는데 '실미도'였다. 목숨을 걸고 북한에 잠입하는 실미도 부대원의 마음으로 나는 미지의 땅 와라즈에 발을 내딛었다.

와라즈의 골목길은 배낭여행자들로 활력을 띠고 있었다. 관광에 특화된 마을인 만큼 숙박비는 저렴했다. 수소문 끝에 찾아간 호스텔 직원은 투어 종류와 가격을 설명했다. 가만히 듣고 있자니 한국말이다! 조금 서투르긴 했지만 페루 와라즈에서 한국말로 안내를 받다니 신기했는데 알고 보니 한국 여행자가 많이 방문하는 모양이었다. 새벽 4시에 시작되는 트레킹 일정에 깜짝 놀란 나에게 직원은 '갠차나 할수 이써, 친구'라며 한국어로 격려해 주었다. 파론호수Lake Paron, 69호수Laguna69, 파스토루리 빙하Pastoruri Glacier까지 세 가지 투어를 선택하고 숙소에 돌아가 일찍 잠자리에 들었다.

다음 날 오전 4시에 눈을 떴다. 비몽사몽 투어 버스에 올랐다. 버스는 3시간을 달려 파론호수 앞 산장으로 나를 실어 날랐다. 파론호수는 해발 4,200m에 만년설이 녹아 만들어진 에메랄드빛의 호수다. 우리 팀은 캐나다, 독일, 인도를 비롯한 다국적 여행자로 이루어져 있었다. 4,500m 정상까지 5시간을 올라가는 트레킹 코스가 마침내 시작되었다. 300m 트레킹 정도야 가뿐하게 생각했지만 제대로 된 등산로가 아니었다. 고산병 증세가 심한 사람에게는 특히 더 어려운 난이도일 수 있었다.

정오 무렵 산 정상에 도착했다. 여행사에서 제공해 주는 도시락을 먹으며 파론호수를 바라봤다. 소다맛 아이스크림의 빛깔을 띠는 호수가 인공적으로 느껴졌다. 식사 후 가이드가 차를 건넸다. 코카잎에는 혈액의 산소

흡수를 돕는 성분이 들어있어 고산병 예방에 도움이 된단다. 대자연 앞 따뜻한 코카잎 차 한 잔의 여유를 아는 남자. 다행히 나는 고산병 증세가 심하지 않은 편이었다.

이튿날 역시 새벽부터 버스에 몸을 실었다. 무거운 눈꺼풀을 한두 번 껌뻑일 때쯤 버스는 와스카란Huascaran 국립 공원에 닿았다. 잉카의 황제 우아스카르의 이름에서 유래된 이곳은 6,000m 급 고산이 산세를 형성하고 있으며 산봉우리는 만년설로 뒤덮여 있었다. 트레킹 전 산장에서 아침을 해결했다. 전날 파론호수를 같이 갔던 독일 여행자 아나와 브라질계 일본인 아케미, 아유미와 함께 산을 올랐다. 해발 3,900m부터 오르기 시작, 왕복 14km 코스였다.

수천 년에 걸친 태고의 자연은 아름다움이라는 인간의 말에 갇혀있지 않았다. 파란 하늘과 회색의 암벽. 연두색 잔디밭에 에메랄드빛 물… 산을 걷는 한걸음 한 걸음이 그야말로 장관이었다. 들판에는 뿔이 난 소와 갈기가 긴 말이 자유로이 풀을 뜯고 있었다. 사진이라도 찍으려고 다가가면 뿔을 들이밀며 위협했다. 사납다기보다는 자연 속에서 원래 모습 그대로 자랐다는 생각이 들었다. 어쩌면 이것이 인간에게 사육당하지 않은 소의 본모습이지 않을까. 등산로를 걷다 보니 솟아오른 봉우리에 만년설이 보였다. 눈이 녹은 부분은 윤택한 광을 내비쳤고 그 밑으로는 녹아내린 만년설이 모여 호수를 이루고 있었다. 69호수 역시 그중 한 곳이었다. 69번째로 발견되었기 때문에 69호수라는 이름이 붙었다고 한다.

오전부터 고산병 증상을 호소하던 아유미는 무리에서 점점 뒤떨어지더니 정상에 다다를 즈음엔 시야에서 사라졌다. 비교적 고산병 증세가 덜하던 나도 마지막 오르막을 오를 때는 숨이 가빴다. 산 정상에서 69호수의 풍광을 마주했을 때는 가슴이 뻥 뚫린 듯 고생이 싹 날아갔다. 추운 날씨였지만 볼을 스치는 바람은 차갑고 습기가 가득했다. 구름이 잠깐 걷혔을 때 햇빛이 따뜻하게 내 얼굴을 비추어 지그시 눈을 감아 햇살을 음미했다. 미리 준비해 둔 칠레산 사과를 한입 베어 물었다. 달콤한 과즙이 입안으로 스며들었다. 고요한 정적 속에서 자연이 주는 달달함을 맛본 순간 소소한 행복이 밀려왔다.

청춘 가슴이 시키는 대로

잃어버린 도시
마추픽추

페루, 마추픽추

쿠스코(Cuzco) ○────○ 아구아깔리엔테(Agua Caliente) 95km

☀ 맑음

리마에서 야간버스를 타고 22시간이 걸려 쿠스코 호스텔에 도착한 밤, 우연히 옆 침대에 한국인 여행자를 만났다. 그의 이름은 재훈. 나이도 동갑이고 공감대가 많았던 우리는 금세 친해졌다. 그와는 매일 만나 쿠스코의 관광지를 둘러보는 각별한 사이가 되었다.

케추아어로 '세계의 배꼽'이라는 뜻의 쿠스코는 옛 잉카제국의 수도다. 고대 도시 맞추픽추Machu Picchu 관광으로 유명하다. 묵고 있던 호스텔에 연계된 여행사를 소개받아 운 좋게 할인 가격인 150달러로 3박 4일 정글투어를 예약할 수 있었다. 첫째 날에는 안데스산맥에서의 산악자전거 라이딩, 둘째 날은 정글 트레킹, 셋째 날은 마추픽추 근방 마을 아구아깔리엔테Agua Caliente 까지 도보 이동 후 마지막 날에는 마추픽추를 관광하고 돌아오는 코스였다. 정글 투어에 재훈이도 함께 참여하기로 했다.

첫날 설산에서 산악자전거를 타고 내려오는 일은 자전거 여행자인 나에게 별로 감흥이 없었다. 하지만 구덩이를 지나칠 때도 핸들의 흔들림이 적은

청춘 가슴이 시키는 대로

산악자전거의 성능에는 감탄했다. 일정을 마치고 같은 방을 쓰게 된 브라질 여행자 플라비야와 한국에서 홀로 온 대학생과 맥주를 마시며 첫날밤을 보냈다. 다음 날, 투어객들은 정글 속으로 트레킹을 시작했다. 정글에는 난생 처음 보는 열대 식물이 가득했다. 특히 바나나가 꽃봉오리를 맺은 모습이 신기했는데 이는 에콰도르에서 며칠간 바나나 숲을 달릴 때도 못 보던 것이었다. 그 옛날 잉카인들이 의식을 거행하거나 사냥을 나갈 때 발랐으며 현재는 립스틱 원료로 쓰인다는, 열대 과일 씨앗을 얼굴에 문지르며 분장하는 시간도 가졌다. 관광객들은 각자의 개성을 담아 우스꽝스럽게 얼굴을 그렸다. 이마에 눈을 하나 더 그린 나를 보며 친구들이 웃음을 터트렸다.

오후에도 트레킹이 이어졌다. 같은 조였던 브라질 여행자 플라비야는 워커를 신고 큰 배낭을 메고 다녔다. 고된 산행이 힘들었는지 플라비야는 점점 우리를 퉁명스럽게 대했다. 그러다 지갑을 잃어버렸다며 산길을 헤집고 다니기에 도와주기로 했다. 다행히 재훈이가 길에서 지갑을 발견했다. 안에는 여권도 들어 있었기에 하마터면 큰일 날 뻔했다며 기쁜 마음으로 플라비야를 불렀다. 헐레벌떡 뛰어오는 그녀에게 바로 지갑을 건네주니 황당한 반응이 돌아왔다. 시큰둥하게 고맙다는 말을 끝으로 휙 뒤돌아 가 버린다. 힘들어서 그랬을까? 힘들면 그래도 되나. 귀중품을 좋은 마음으로 찾아 주었는데 그녀의 태도가 예의 없게 느껴졌다. 전날부터도 마치 나를 개인 기사처럼 부렸다. 기분이 영 탐탁지 않았다.

고단한 정글 트레킹을 마치고 팀원들과 스파를 즐겼다. 뜨겁지는 않았지만 물에 몸을 담그고 하늘을 쳐다보니 하루의 피로가 풀리는 느낌이 들었다. 나른한 몸으로 식당을 찾았다. 플라비야와 잘 지내고 싶은 마음에 관광지 물가로 비싼 콜라를 사서 그녀에게 권했다. 내 마음을 어떻게 취급했는지 쳐다보지도 않고 한 손으로 컵을 들어 따라 달라 요구한다. 참았던 화가 치밀어 올랐다. 여행을 다니며 만난 사람들과 항상 좋은 관계를 유지하려 노력했는데 무례한 동행으로 인해 즐거워야 할 여행이 망가지는 것 같았다.

속상한 내 기분을 풀어주고자 재훈이가 맥주를 권했다. 같은 그룹인 칠레 여행자들과 이야기를 나누며 술잔을 주고받는 사이 날이 선 감정은 다시금 말랑말랑해졌다. 10명이 넘는 칠레 여행자들은 20대 초반의 커플 여행자가 대부분이었다. 다들 한국에 우호적이기도 했고 게임과 여행이라는 공통점으로 쉽게 친해질 수 있었다. 다음 여행지로 칠레로 향한다고 하자 자신의 집으로 초대하겠다며 감사한 호의를 베풀었다.

푹 자고 일어난 아침, 마추픽추의 마을 아구아깔리엔테까지 철길을 따라 10km를 걷는 코스가 시작되었다. 20분마다 관광객을 가득 실은 기차가 기적을 울리며 정글 한편을 가로질렀다. 뜨거운 물이라는 뜻의 아구아깔리엔테는 마추픽추의 세계적 명성을 관광산업으로 전환시킨 정글 속 마을이었다. 마지막 날, 마을을 떠나 마추픽추로 향했다. 마추픽추를 보려면 경사가 가파른 산을 2시간 정도 올라야 해서 12달러를 내고 버스로 매표소까지 이동하는 사람도 많았다. 한 푼이 아쉬웠던 나는 가파른 계단을 오르며 구슬땀을 떨궜다. 페루 정부가 하루에 오전 오후 400명씩 마추픽추 관광객을 제한하고 있음에도 매표소 앞은 인산인해를 이루어 정신이 없었다. 잠시 후 직원의 안내를 받으며 긴 대열이 마추픽추로 들어섰다.

청춘 가슴이 시키는 대로

1911년 미국인 빙엄에 의해 처음 발견된 마추픽추는 15세기 중반 해발 2,400m 안데스산맥 깊은 밀림에 지어진 요새 도시다. 400년간 정글에 감춰져 그 존재를 아무도 몰랐기에 '잃어버린 도시'라고 불렸다. 혹은 구름과 안개에 가려서 오로지 공중에서만 그 존재를 확인할 수 있다, 하여 '공중 도시'라고 부르기도 했다. 마추픽추가 처음 발견된 당시 미국은 연구를 명목으로 5만 점이 넘는 유물을 자국으로 빼돌렸다. 이에 페루 정부는 미국에 유물의 반환을 요구했고 2011년 마추픽추 발견 100주년을 기념하여 미국이 약탈한 600여 점의 유물을 반환받았다.

태양신을 숭배하던 잉카인들이 만든 마추픽추는 케추아어로 '늙은 봉우리'라는 뜻이다. 관광로를 따라 높은 곳에서 마추픽추를 내려다봤을 때 십분 이해할 수 있었다. 깎아 자른 듯한 절벽과 계곡, 녹음으로 무성한 숲과 산맥, 화강암으로 쌓아올린 집터의 흔적, 경작지에서 한가로이 풀을 뜯는 라마들,

그 뒤쪽으로 우뚝 솟아오른 거대한 암석 봉우리 마추픽추… 고대와 오늘날을 잇는 경이로운 풍경에 누구든지 피어오르는 감격을 주체하지 못하리라.

콘도르가 날개를 활짝 편 형상으로 건설된 마추픽추는 주거지역과 농경지역이 철저히 구분되어 있었다. 주거지역에는 현재 200여 채의 집터가 남아 있으며 과거에는 궁전과 신전, 곡식 창고까지 갖추고 있었다. 주거 지역 옆으로 펼쳐진 계단식 논밭은 가파른 산을 깎아서 경작을 했다. 잉카인들은 이곳에서 옥수수와 감자를 재배하며 1만 명이 넘는 인구를 부양했다. 또 잉카인들은 도시 안에서 가장 높은 곳에 자리 잡은, 태양을 잇는 기둥이라는 뜻의 인티와타나Intihuatana를 통해서 동서남북을 정확하게 측정했다. 태양의 신전의 창으로 들어오는 햇빛의 각도를 통해 건기와 우기를 구별했다. 태양의 신전의 놀라운 점은 일 년 중 해가 가장 긴 하지 때 햇빛이 정확히 창의 중앙으로 들어오는 정밀함에 있었다. 태양을 통해 절기와 방향을 정확히 꿰뚫고 있었던 것이다.

청춘 가슴이 시키는 대로

나흘간 동고동락했던 여행자들은 온갖 포즈를 취하며 마추픽추의 시간을 만끽했다. 나는 카메라를 메고 분주히 돌아다녔지만 어느 순간 사진을 찍는 것보다 눈앞에 펼쳐진 풍경을 두 눈에 담는 것이 더 중요하다는 사실을 깨달았다. 유유자적 풀을 뜯는 라마의 동선에서 평온함이 전해졌다. 벽돌만 남은 집터의 창 너머로 잔잔한 잉카의 바람이 불어왔다.

레게 머리에는
고통이 따른다

페루, 쿠스코

쿠스코(Cuzco) 0km

☀ 맑음

여행을 떠나고 해보고 싶었던 헤어스타일이 있다. 바로 드레드락이다. 일명 레게 머리라 불리는 드레드락은 자메이카의 국민 가수 밥 말리의 트레이드 마크이기도 하다. 문어발처럼 굵고 길게 늘어진 헤어스타일로 자유와 낭만을 격렬히 표출해 보고 싶었기에 여행을 떠나고 머리를 1년 넘게 길렀다. 수소문 끝에 쿠스코 현지 미용실에서 저렴한 가격에 머리를 묶었다. 아니, 정확히 말하면 머리를 불로 지졌다는 표현이 맞을 것이다. 6시간이 넘는 시술 끝에 처음 보는 나의 모습으로 거울을 마주했다.

드레드락의 효과는 대단했다. 마을 길거리를 돌아다니면 같은 머리를 한 예술가나 장기 여행자들이 휘파람을 불며 먼저 인사를 건네고 현지인은 재미있다는 듯 쳐다봤다. 이따금 대마초를 파는 장사꾼이 조용히 다가와 '타이마… 타이마…' 속삭이며 대마초를 팔려고 하기도 했다. 쿠스코의 좁은 골목을 활보하고 있으면 마치 게임 속 세상을 누비는 것 같았다. 단지 헤어스타일만 바꾸었을 뿐인데 말이다.

청춘 가슴이 시키는 대로

극심한 비위생과 가려움의 고통이 수반된다는 드레드락. 앞으로 머리를 어떻게 관리할지 고민하는 나에게 재훈이가 조언을 해 주었다. 나는 나대로 살고 머리는 머리대로 살게 내버려 두라는 것이다. 자유에는 책임이 따른다는 지혜를 두피로부터 또 한 번 배웠다.

쿠스코에서의 평온한 일상을 뒤로한 채 정들었던 친구들에게 인사를 건네고 떠날 채비를 서둘렀다.

노숙보다 무서운
추위와의 싸움

페루, 줄리아카

쿠스코(Cuzco) ○──────○ 라파스(la paz) 672km

비 온 뒤 맑음

　쿠스코에서 볼리비아Bolivia 국경까지는 550km 남짓의 거리다. 해발
4,000m의 안데스산맥의 한가운데 위치한 고원지대라 특별히 관광지라기
보다는 산골 마을에 해당하는 지역이었다. 리마에 도착한 뒤로 줄곧 쉬었던

　　　　　　　　　　　　　　　청춘 가슴이 시키는 대로

터라 정신이 해이해진 나는 힘들어도 자전거로 이 구간을 이동하리라 마음 먹었다.

쿠스코를 벗어나자 자연을 아우르는 시골 풍경이 펼쳐졌다. 평온하게 페달을 밟던 중 반대편에서 트럭 한 대가 손짓을 해 자전거를 멈춰 세웠다. 문을 열고 내린 사람을 보고 깜짝 놀랐다. 리마와 쿠스코에서 우연히 두 번이나 마주친 한국인 신부님이었다. 만날 때마다 응원과 함께 밥을 사준 감사한 분인데 세 번째로 만난 것이다. 신부님은 정말 인연이다, 라고 말하며 무척 반가워했다. 그러고는 30km 떨어진 체카쿠페Checacupe에서 자신의 동료를 찾아가라고 하며 100솔약 30달러짜리 지폐를 건넸다. 이미 도움을 많이 받았다고 돈을 한사코 마다했는데 신부님도 물러섬이 없었다. 은혜를 몰고 다니는 신부님과 헤어지자 하늘에서 부슬비가 뚝뚝 떨어졌다.

해 질 녘 체카쿠페에 도착해서 '꼬레아노 사세르도테(한국인 신부)'를 수소문하자 마을 사람들이 도와주어 삽시간에 만날 수 있었다. 밝게 화답하는 마을 주민들의 얼굴로 신망이 두터운 분임을 미리 알 수 있었다. 미사를 마치고 나온 신부님은 나를 반갑게 맞아 주었다. 호스텔 숙박비를 내주시며 다음 날 함께 아침 식사를 하자고 제안했다.

이튿날 이른 오전 신부님 댁에 방문했다. 마침 키우던 닭이 알을 낳았다며 계란 프라이 요리를 해 주었다. 신부님은 왜 드시지 않느냐고 묻자 닭이 알을 한 개만 낳아서… 라는 덤덤한 어조의 대답이 돌아왔다. 왜 굳이 자전거로 여행하느냐는 신부님의 질문에 나는 지구의 민낯이 보고 싶었다고, 자전거를 타야만 만날 수 있는 사람이 있고 볼 수 있는 풍경이 있다고 대답했다. 따끈한 수프가 바닥을 보일 때까지 따듯한 대화는 덤덤히 이어졌다.

다시 길을 나서 해발 4,000m 고원을 누볐다. 햇살은 조금 뜨거웠지만 공기는 차가웠다. 숨을 들이켜면 신선한 공기가 폐부 가득히 채워졌다. 듬성 듬성 보이는 마을은 우리나라 70년대 풍경을 연상케 했다. 도로변에 라마와 알파카가 풀을 질겅질겅 씹으며 나를 빤히 쳐다보았다. 라마보다 목 주변에 털이 많은 알파카는 안데스의 추운 환경에 맞게 진화한 듯 했다.

청춘 가슴이 시키는 대로

　고산지대일지라도 작은 마을이 띄엄띄엄 40km마다 나타났다. 현지인만 사는 곳으로 이방인에게는 경계심 어린 호의를 보였다. 현지 식당에 가면 4솔 약 1.2달러에 끼니를 해결할 수 있었다. 관광지에서의 한 끼는 10솔을 훌쩍 뛰어 넘는데 현지 식당에서는 절반도 안 되어 마음 놓고 사먹곤 했다. 며칠간 안데스 고원을 달렸다. 타오르는 햇볕에 피부가 검게 그을렸고 입술은 쩍쩍 갈라졌으며 저녁은 추위에 잠을 설쳐 몸이 많이 상했다. 노을을 바라보면 서글픈 생각부터 들었다. '오늘도 추운 곳에서 자야 하는구나.' 어느새 짙은 어둠보다 매서운 추위가 더 두려워졌다.

　8월의 페루는 한겨울이다. 일조 시간이 짧아서 5시가 채 되기 전 사위가 어둠에 잠겨 버렸다. 무엇보다 땅거미가 내려앉으면 추위가 급습해 들었다. 핸들을 잡은 두 손이 바들바들 떨렸다. 어두컴컴한 길을 달리며 전조등 불빛에 의존한 채 캠핑 자리를 찾으려니 이 또한 오들오들 떨리는 일이었다. 긴 시간 끝에 풀밭으로 들어가 텐트를 쳤다. 쌀을 넣은 라면을 먹고는 텐트에 누워 보았다. 잠이 들려나 싶을 때 사무치는 추위에 눈이 절로 떠졌다. 여벌의 옷을 챙겨 입고 다시 잠을 청해 보지만 1시간 간격으로 잠에서 깼다. 물이라도 마시려고 하니 생수가 통째로 얼어 있었다. 입김이 나오는 새벽, 눈을 깜빡거리며 아침을 기다리기로 했다. 텐트 플라이트에 이슬이 맺히더니 이윽고 태양이 고요히 고개를 내밀었다. 깜빡 잠들었던 나는 밖으로 나와서 기지개를 켰다. 눈앞에 펼쳐진 풍경에 경탄을 금치 못했다. 지난밤의 추위를 잘 버텨 새로운 하루를 보상받은 기분이었다.

인생 최대 높이에서
다짐한 것들

볼리비아, 와이나포토시

라파스(la paz) ○━━━○ 와이나포토시(Huayna potosi) 10km

맑음 그리고 폭설

　　남미에서 가장 큰 티티카카 호수는 육지 속 바다라고 불린다. 티티카카 호수를 가운데 두고 페루와 국경으로 맞대고 있는 나라, 볼리비아. 남미에서 원주민 비율이 가장 높고 한반도의 5배가 넘는 국토가 3,500m 이상 고원지대에 위치해 있다. 때문에 볼리비아인은 일반인보다 심장과 폐가 더 크며 혈액에 적혈구 수도 월등히 많다고 전해진다. 볼리비아가 가난해진 이유는 19세기 말까지 태평양을 품은 메마른 땅, 아타카마 사막을 칠레에 빼앗겼기 때문이다. (현재 볼리비아 해군은 티티카카 호수를 수호하고 있다) 해상로의 단절은 자연히 세계 무역의 열세로 이어졌다. 안데스산맥, 아마존과 사막이 가로막고 있는 지리적 고립 또한 나라의 발전을 더욱 더디게 만들었다.

　　해발 3,600m에 위치한 수도 라파스la paz에 지내는 동안 나는 산 프란시스코 광장을 자주 들렀다. 값싼 길거리 음식을 많이 팔기 때문이었다. 특히 볼리비아 전통 음식인 '살테냐(튀긴 밀가루에 고기와 야채를 넣은 음식)'를 즉석에서 요리해 파는 상인이 있어서 매일 찾아가 3개씩 사 먹곤 했다. 시장에는 빵을 쌓아놓고 파는 상인도 보였다. 빵 한 개에 100원꼴로 저렴한 건

좋지만 푸석푸석하고 딱딱해서 맛이 없어서 그 대신 소시지만 들어가 단출한 핫도그를 매 끼니로 때우며 지냈다.

내가 라파스를 방문한 이유는 세계적인 명산 와이나포토시 Huayna potosi를 등반하기 위해서였다. 라파스 시내에 위치한 여행사를 돌아다니며 일반 시세보다 100볼 싼 가격에 투어 하나를 예약했다. 약 130달러에 장비 추가 비용 없이 계약을 성사시켰으니 가이드를 포함한 2박 3일 투어 비용으로는 정말 저렴한 가격이었다. 투어 일정은 이러했다. '첫날은 해발 4,700m의 베이스캠프에서 빙벽 등반 연습을 하고 둘째 날 5,200m 산장까지 트레킹을 마친다. 그리고 자정부터 해 뜰 때까지 산 정산으로 향한다.' 사실 와이나포토시는 등반 성공률이 절반을 넘어가지 않기로 유명하다. 8월 한 겨울의 와이나포토시 봉우리는 5,000m 이상이 눈으로 덮여 있어 고산병, 가파른 경사, 무릎까지 쌓이는 눈, 그리고 추위 때문에 많은 여행자가 정상을 보지 못하

고 발걸음을 돌린다. 그럼에도 나는 도전하기로 했다. 와이나포토시 정상에서 볼리비아 전체를 내려다볼 생각에 흥분이 가라앉지 않았다.

여행사에서 제공받은 갖가지 방한 장비를 구비한 채 와이나포토시 트레킹에 나섰다. 수도 라파스에서 산 입구까지는 봉고차로 2시간이 걸렸다. 창밖 풍경이 시간을 역행해 태고의 자연으로 거슬러갔다. 해발 4,700m에 위치한 베이스캠프에 도착해 먼저 숙소 체크인을 했다. 방을 둘러보니 침대 매트리스만 덜렁 놓여 있었는데 이것을 본 덴마크 여행자가 외쳤다.

"와⋯. 오성급이다⋯!"

그의 능청스러운 유머에 분위기가 이내 온화해졌다. 캐나다, 프랑스, 덴마크 그리고 한국. 다국적 팀원들은 차를 마시며 통성명을 시작했다. 첫째 날은 아이젠을 신고 얼음 위를 걷거나, 등산용 얼음도끼 피켈을 사용하여

빙벽을 오르는 연습을 했다. 5m 높이의 빙벽을 오르는데 피켈을 쥔 손에 쥐가 날 정도로 빙벽 등반은 엄청난 완력을 요구했다. 일과를 마치고 베이스캠프로 돌아와 팀원끼리 카드 게임을 즐겼을 정도로 아직까지는 순탄했다.

이튿날 가장 먼저 일어나 홀로 뒷산에 올라갔다. 바람이 무척 차갑고 매서웠다. 베이스캠프 주변을 돌아보니 세상이 온통 눈 천지였다. 물건을 묶어 놓은 밧줄조차 하얗게 얼어 있었다. 가이드가 내어주는 조촐한 아침을 먹고 아이젠을 착용했다. 아이젠 없이는 얼어붙은 바위에 미끄러질 것 같았다. 제2베이스캠프를 향해 줄지어 이동했다. 식량을 포함해 겨울 장비를 눌러 담은 배낭이 어깨를 짓눌렀다. 진눈깨비 같던 눈발은 어느새 함박눈이 되었다. 안개가 자욱하게 내려앉은 산봉우리가 몽환적이었다. 희미한 팀원의 뒷모습을 따라갔다. 출발 3시간 만에 해발 5,200m에 위치한 두 번째 베이스캠프에 도착했다. 숙소에서 거울을 보니 머리카락이 얼어붙었고 눈까지 소복하게 쌓여 있었다.

정상으로 가는 길에는 눈에 덮인 절벽이 곳곳에 도사리고 있어서 조난당할 위험이 컸다. 이런 까닭에 팀원들은 3인 1조로 가이드와 로프로 몸을 단단히 연결해야 했다. 나는 캐나다 여행자와 20년 경력의 베테랑 가이드 산토스 아저씨와 한 팀을 이루었다. 산토스 아저씨는 팀원 내 유일한 동양인인 나를 자주 챙겨 주었다.

다음 날 오전 1시, 만반의 준비를 마친 팀원들은 정상을 향해 마지막 길을 나섰다. 휘몰아치던 눈보라가 그치고 고요한 정적만이 어둠 속에 떠 있었다. 무릎까지 쌓인 눈 때문에 이동이 더뎠다. 또 헤드랜턴을 켜지 않으면

아무것도 볼 수 없었다. 출발하고 2시간쯤 지나자 다른 팀 프랑스 여행자가
복통을 호소하며 등반을 포기했다.

청춘 가슴이 시키는 대로

해발 5,500m에 다다르자 고산병 증세가 나타나기 시작했다. 몇 걸음마다 고개를 떨어뜨리고 거친 숨을 몰아쉬기 일쑤였다. 얼굴을 마비시킬 것 같은 차가운 바람과 함께 눈발이 다시 흩날렸다. 희미한 헤드랜턴 불빛에 의지한 채 앞사람이 남겨놓은 발자국만 보고 묵묵히 걸었다. 이따금 고개를 들어 눈앞의 산등성이를 바라보면 선두에 있는 팀원들의 헤드랜턴 불빛이 암흑 속 별처럼 빛나고 있었다. 숨을 쉴 수 없는 극한의 고통으로 정신이 혼미했다. 힘들어하는 나를 보며 산토스 아저씨까지 걸음을 멈춰주는 일이 잦았다. 해발 5,700m에 다다라 고개를 드니 먼저 간 팀원들이 길 위에 서 있었다.

"눈이 너무 많이 쌓여서 더 이상 올라가면 위험해!"

다른 팀 가이드가 1m 이상 쌓여있는 눈을 가리키며 말했다. 그 와중에도 쌓인 눈이 벼랑 밑으로 굴러 떨어졌다. 앞서갔던 팀원들이 하산을 결정하고 하나 둘 베이스캠프로 발걸음을 돌렸다.

"안 되겠어. 안타깝지만 오늘은 더 이상 못 올라가."

산토스 아저씨가 말했다. 그 말에 정신이 번쩍 들었다. 더 이상 못 올라간다니! 여기서 포기하고 싶지는 않았다. 지나간 내 인생을 되돌아보면 나는 언제나 쉽게 포기하는 사람이었다. 어쭙잖은 꿈도 적당히 힘들면 손에서 놓아 버렸다. 조금만 더 버텼다면 할 수 있는 것들이었는데. 이 등반은 이제 더 이상 단순한 등반의 의미가 아니었다. 시작했을 때 끝을 보는 사람이라는 것을 내 자신에게 일깨우고 싶었다. 산토스 아저씨에게 말했다. 정상에 올라가게 해 달라고. '뽈 빠보르(제발)'를 떨리는 입술 사이로 여러 번 내뱉었다. 간절한 부탁이 통했는지 산토스 아저씨는 망설이다가 이내 쌓여 있는 눈을 발로 치우며 눈길을 열기 시작했다. 정상까지 함께하자는 뜻이었다. 일찍이 등산을 포기했던 다른 팀들도 발걸음을 돌려 다시 무리에 합류했다. 헤드랜턴의 불빛이 꺼졌지만 희미한 달빛에 의존해 눈길을 걷다 보니 어느새 사방이 환하게 밝아졌다. 팀원들은 힘들어하는 나를 묵묵히 기다려 주었다. 우여곡절 끝, 해발 6,088m 와이나 포토 정상에 다다랐다. 예정된 시간 보다 1시간 늦은 오전 7시였다.

살면서 단 한 번도 느낄 수 없던 벅찬 감동이 몰려왔다. 눈보라 때문에 볼리비아 전경은 보이지 않았지만 산봉우리에 서서 기쁨을 부르짖었다. 감격의 눈물을 참고 있는데 산토스 아저씨가 웃으며 나를 껴안았다. 아저씨의 따듯한 포옹에 참았던 눈물이 얼어붙은 오른쪽 볼을 타고 흘러내렸다. 고된 산행 끝에 얻은 성취감은 한동안 뇌리에서 지워지지 않았다. 이제 내 인생에서 가벼운 포기는 쉬이 허락하지 않으리라 다짐했다.

정상까지 오르는데 모든 힘을 쏟아 부어서인지 산을 내려올 때는 고열과 두통에 시달렸다.

하얀 지옥,
우유니 소금 사막

우유니(Uyuni) ○────○ 리오 그란데(Rio Grande) 114km

☀ 맑음

라파스에서 자전거로 6일을 달려 우유니Uyuni에 도착했다. '세상에서 가장 큰 거울'이라 불리는 우유니 소금 사막은 해발 3,650m 직경 100km의 거대한 평원으로 위성사진에도 하얗게 나오는 드넓은 곳이다. 순백의 세상을 질주하려는 전 세계 라이더의 꿈의 여행지다.

소금 사막을 건너면 칠레의 국경을 밟을 수 있다. 며칠간 마을에서 휴식을 취하고 소금 사막을 종단할 계획을 세웠다. 역풍을 맞으며 콜차니Colchani에 도착해 텐트를 치려고 했지만 바람이 어찌나 센지 텐트가 날아가 버릴 것만 같았다. 서성거림 끝에 마을 변두리 인적 없는 호스텔을 찾았다. 호스텔 주인은 내게 악수를 청하며 자고 갈 것인지 물었다. 흥정 끝에 30볼리비아노약 4달러를 내고 방에 들어섰다. 실내에 들어서자 벽과 천장, 심지어 의자까지 하얗다는 걸 깨달았다. 무려 소금 호스텔이었던 것이다. 저녁을 먹으며 주인에게 낮에 바람이 많이 불었다고 토로하자 소금 사막에는 한 번 강풍이 불기 시작하면 며칠간 멈추는 법이 없다고 얘기했다.

청춘 가슴이 시키는 대로

다행히 이튿날 바람은 잠잠해졌다. 바야흐로 사막의 항로가 열린 것이다. 소금 사막 입구에서 70km 떨어진 잉카와시섬Isla Incahuasi이 지평선 끝에 걸렸다. 하얀 지평선과 푸른 하늘의 대비가 선명하게 다가왔다. 눈을 밟은 듯 '뽀드득' 소리를 내는 바닥의 소금은 일정한 크기의 기하학적 무늬를 만들며 사막 전체를 가득 채웠다. 360도 어디를 둘러봐도 세상에 홀로 남겨진 순백의 침묵. 일말의 위화감도 꾸밈도 없는 새하얀 날것의 세상이었다. 귀가 멀어버릴 것 같은 정적 속에서 유유히 페달을 밟았다. 거친 호흡과 자전거를 스치는 바람이 번갈아 가며 귓가에 맴돌았다. 마치 천국을 달리듯 황홀한 기분이었다.

 우유니 소금 사막은 지각 변동으로 솟아오른 바다가 빙하기를 거치고 난 뒤 녹으면서 호수가 되었는데 건조한 기후로 인해 비가 오지 않고 물이 증발하며 현재의 모습에 이르렀다. 때문에 소금 사막 곳곳에 구멍이 뚫려있는데 바닷물 보다 염분이 10배나 높은 소금물이 고여 있는 것이다. 어떤 것은 수심이 3m는 족히 넘는다. 우유니 소금 사막에 매장되어 있는 소금은 최소 100억 톤 이상으로 추정. 이는 볼리비아 국민이 수천 년을 먹고도 남을 엄청난 양이다.

잉카와시섬을 20km 남겨두고 자전거를 세웠다. 자전거는 바퀴, 체인, 너나 할 것 없이 하얀 소금이 잔뜩 묻어 버렸다. 해가 서쪽으로 지면서 소금 사막 전체가 주황빛으로 이글거렸다. 동쪽 하늘에서는 파란 하늘과 붉은 노을이 극명한 선을 이뤄 지평선에 펼쳐졌다. 인생에서 몇 없을 최고의 장관, 그리고 이어지는 선명한 별들의 향연. 육안으로도 구별할 수 있는 은하수가 밤하늘에 반짝거렸다.

은하수를 구경하고 텐트에서 파스타를 먹었다. 잠을 자려고 누웠는데 눈에서 계속 눈물이 흘렀다. 곧 통증이 동반되어 마치 고장이라도 난 것처럼 눈물이 멈추질 않았다. 처음엔 요리할 때 손질했던 할라피뇨가 눈에 닿아 이 지경이 된 줄 알았다. 하지만 따가운 통증은 몇 시간이 지나도 가시지 않

왔다. 오후에 달아오른 태양열에 얼굴이 화끈거렸던 게 생각났다. 아! 선글라스를 썼음에도 강한 반사광에 화상을 입은 모양이었다.

선잠을 자고 아침에 눈을 뜨니 물체가 잘 보이지 않았다. 퉁퉁 부은 눈에서는 여전히 눈물이 흘렀고 급기야 시력 손상이 온 것 같았다. 잉카와시 섬을 포기하고 바로 소금 사막을 빠져나가기로 했다. 공교롭게도 짐을 정리하고 주변을 돌아봤을 때 도와줄 수 있는 사람은 어디에도 없었다. 사방은 온통 소금뿐인 평야였다. 전날은 천국처럼 아름답던 소금 사막이 지옥처럼 느껴졌다. 반쯤 눈을 뜨고 지평선 너머로 향했다. 바닥의 소금 덩어리 때문에 자전거에 속도가 붙지 않았다. 눈에서는 계속 눈물이 흘렀다. 이대로 쓰러지면 죽을 수도 있다는 생각이 강하게 들었다. 30분을 달리자 길가에 트럭 한대가 보였다. 차를 얻어 타고 사막을 빠져나가려 했으나 트럭도 고장이 나서 도움이 필요한 상황이었다.

트럭 운전자는 차를 고치면 옆 마을까지 태워주겠다며 안타까워했지만 1시간을 기다려도 수리 차량이 오지 않았다. 어쩔 수 없이 다시 자전거로 사막을 달렸다. GPS를 켜보니 근처에 5번 국도로 이어지는 길이 있었다. 정신 없이 페달을 밟아 어느 한 건물에 닿았다. 한 군인이 보였다. 출입 통제구역이라 군인은 두 팔로 X를 그리며 경고했다. 그럼에도 나는 아유다메(도와주세요)! 라고 외치며 군인에게 달려갔다. 다짜고짜 선글라스를 벗어 충혈된 눈을 보여주며 도움을 요청했다. 이곳은 리튬 발전소였다. 내 눈을 본 군인은 리튬 발전소 본부 응급센터까지 차를 태워주었다.

곧바로 응급 진찰을 받으니 예상대로 하얀 소금에 반사된 햇빛이 시신경을 손상시켰단다. 얼굴에도 심한 화상을 입을 정도였으니 말이다. 의사 선생님은 조금만 늦었어도 위험할 뻔 했다며 안도했다. 3일간 절대 안정을 취하며 안약을 넣으면 시력은 다시 돌아올 거라고 했다. 의사 선생님의 진료가 사무치게 고마웠다. 리튬 발전소 직원들은 음식을 나눠주며 나를 격려했다. 힘들수록 도움의 손길이 더욱 감사하게 느껴지듯 모두가 천사처럼 보였다. 헤어지기 전 의사 선생님이 내게 발전소 모자를 씌워주었다. 나는 응급차를 얻어 타고 근처 마을 리오 그란데Rio Grande의 한 호스텔로 옮겨졌다. 14시간을 내리 잠만 잤다.

이틀 가량 지나자 시력이 서서히 돌아왔고 사흘 뒤엔 건강이 회복되어 다시 여정을 이어갈 수 있었다.

'남서쪽으로 120km만 더 내려가면 드디어 칠레 국경이다!'

주행 방법

1. 케이던스 페달링

케이던스Cadence는 1분당 자전거 페달을 돌리는 회전수를 의미한다. 보통 1분에 90회 페달링을 하는 것이 가장 효율적이라 말한다. 이는 굉장히 빠른 속도로 자전거 페달을 돌리는 것이다. 대부분의 라이더는 페달링을 느리게 하는 경향이 있다. 다시 말해 변속기어를 필요 이상으로 무겁게 놓고 페달을 밟는다는 뜻이다. 찍어 누르며 페달링 하는 습관은 무릎 통증을 야기하며 골반부터 무릎까지 이어진 장경인대에 염증을 일으킨다. 통증이 수반된 여행은 더 이상 즐거운 여행이 될 수 없다. 올바른 페달링을 배우고 통증 없이 자전거를 타자.

자전거 안장 높이를 맞추는 것이 특히 중요하다. 자전거 옆에 섰을 때 안장이 라이더의 골반 위치에 있는 것이 적절하며 안장에 올라 가장 낮은 곳까지 페달을 가져갔을 때 무릎이 약간 구부러지는 정도가 좋다. 두 번째로, 페달링 할 때 밟지 않고 돌린다는 개념을 가져야 한다. 알파벳 'O'원운동이 아닌 숫자'0'을 생각하며 상하 원운동을 좀 더 길게 하면 효율적인 페달링이 된다. 이때 페달에 올린 발은 발바닥 앞쪽에 튀어나온 부분이 페달의 중심에 자리 잡게 해야 발힘이 페달에 잘 전달된다. 페달링은 발의 앞부분을 활

244

용한 원운동이다. 마지막으로, 발목을 확인한다. 페달링 하는 발이 페달과 직각을 이루고 있는지 신경 써야 한다. 오랜 시간 페달링을 하다 보면 발목이 틀어져 통증이 발생하기 때문이다. 앞서 언급한 올바른 자세에서 다리에 힘을 주지 않고 케이던스 운동을 한다면 장시간 라이딩에도 몸이 다치는 일이 드물 것이다.

자전거 정비

1. 기본 공구

- 휴대용 펌프: 자전거 프레임에 탈부착 가능한 펌프를 선택한다.
- 육각렌치세트: 자전거 부품은 대부분 육각볼트를 사용하기 때문에 사이즈 별로 필요하다.
- 스패너와 펜치: 페달이나 볼트, 너트를 풀고 잠글 때 필요하다
- 드라이버: 브레이크, 변속기를 미세 조정할 때 사용한다.
- 윤활제, 체인 오일: 비에 젖은 자전거가 뻑뻑해질 때 사용한다.
- 펑크 수리 키트, 예비용 튜브: 펑크에 대비한 수리 키트가 필요하다. 예비용 튜브는 2,3개가 적당.

2. 펑크 수리

자전거 여행자는 불시에 찾아오는 펑크에 대비할 수 있어야 한다. 펑크 수리 키트와 휴대용 펌프를 사용하면 혼자서도 펑크를 수리해보자.

◎ 펑크가 난 타이어에 타이어 레버타이어 분리용 주걱를 꽂고 스포크바퀴살에 타이어 레버를 건다.

◎ 다른 타이어 레버로 바퀴 휠을 따라가며 타이어를 바퀴에서 떼어낸다. 타이어 안에 있는 튜브를 꺼내 바람이 새는 곳을 찾는다. 이때 타이어 밸브를 고정하는 너트를 풀어야 한다.

◎ 바람이 새는 곳을 찾았다면 펑크 수리 패치에 있는 사포를 이용해 펑크 부위 주변에 사포질로 매끄럽게 만든다.

◎ 펑크 부위 보다 넓은 영역에 본드를 바른다. 본드에 윤기가 사라질 때쯤 1분 고무 패치를 붙이고 엄지손가락으로 꾹꾹 눌러준다.

◎ 3~4분 지나고 패치가 튜브에 붙으면 패치에 붙은 비닐을 뗀다.

◎ 타이어 안쪽으로 손을 넣어 타이어를 한 바퀴 돌려가며 안에 이물질을 찾는다. 가시, 못, 유리 파편이 박혀 있을 수 있으니 손이 다치지 않게 주의한다.

◎ 타이어에 꽂힌 이물질을 찾았다면 튜브에만 따로 공기를 주입해서 다른 구멍이 뚫렸는지 확인한다. 붙인 고무 패치 틈새로 바람이 새어 나오는지도 확인한다.

◎ 튜브에 이상이 없으면 튜브의 밸브를 자전거 림 구멍에 넣은 후에 타이어를 다시 림에 끼워 넣는다.

◎ 힘을 이용해 타이어를 림에 끼워 넣고 타이어가 제자리를 잡도록 한다.

◎ 펌프를 이용해서 공기를 주입한다. 공기가 절반 정도 들어가면 타이어가

림에 정확히 들어갔는지, 바퀴가 둥근 모양을 유지하는지 손으로 만져준다. 이때 튜브의 밸브가 림에 직각으로 튀어나왔는지 확인한다.

◎ 나머지 바람을 집어넣고 처음에 뺐던 튜브의 밸브 너트를 잠근다.

3
—
CHILE
ARGENTINA

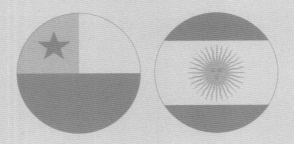

칠레인의 도움을 받아
산티아고로

칠레, 산티아고

오야궤(Ollague) ○━━━○ 산티아고(Santiago) 1760km

☀ 맑음

남미 최대 선진국이란 타이틀은 자전거 바퀴로부터 전해졌다. 칠레 영토
가 시작되기 무섭게 흙길이 아스팔트로 바뀌었다. 칠레는 여태까지 여행했던
나라와 꽤 상반된 이미지였다. 체감 물가는 볼리비아의 3배는 되었고 거리
에는 백인과 메스티소가 주를 이루었으며 마을은 유럽 느낌이 물씬 풍겼다.

유럽에서 건너온 이민자가 만든 나라인 까닭이다.

　칠레 국경에서 남쪽으로 1,000km는 세상에서 가장 건조한 지역인 아타카마 사막이 펼쳐진다. 드라이어에서 뿜어져 나온 듯한 건조한 바람에 입이 쩍쩍 갈라졌다. 페루부터 시작된 오랜 사막 구간에 지쳐서 차를 얻어 타는 일이 잦았다. 해안 마을 안토파가스타Antofagasta에 도착해 숙소를 찾아다녔지만 독립 기념일을 맞은 휴양지는 비싼 숙박비로 오래 머물기 힘들었다. 고속버스를 타고 수도 산티아고Santiago로 가려고 했지만 귀성객이 몰린 탓에 직원은 내 자전거를 실어줄 수 없다고 말했다. 할 수 없이 피곤한 몸을 이끌고 도시를 벗어나 사막을 달렸다. 이따금 트럭이 보이면 히치하이킹을 서슴지 않았다. 다행히 칠레인들은 언제나 따뜻한 도움의 손길을 내밀었다.

　　　　　　　　　　　　　　　　　　　　　　청춘 가슴이 시키는 대로

　칠레의 수도 산티아고는 브라질의 상파울루, 아르헨티나의 부에노스아이레스와 더불어 남미 3대 경제 중심지 중 한 곳이다. 아타카마 사막에서 트럭을 얻어 탔을 때 운전자에게 브라질과 칠레 중 어느 나라가 더 잘 사는지 질문을 던진 적이 있는데 운전자가 콧방귀를 뀌며 '당연히 칠레가 넘버 원!'이라며 자부심을 내비쳤다. 나도 같이 웃음을 터트렸다. 빽빽한 고층 건물 뒤로 안데스산맥이 위용을 뽐내고 있는 산티아고는 그 매력이 풍요로웠다.

　일주일쯤 머물다 떠날 생각이었던 호스텔에는 많은 남미 여행자가 있었다. 1m 이상 긴 레게 머리를 치렁치렁 흔들며 반갑게 맥주를 건네주던 아르헨티나 여행자, 채소를 썰다가도 남미 노래가 흘러나오면 리듬에 맞춰 몸을 흔들던 콜롬비아 여행자, 끼니마다 3L 콜라를 마시던 콜롬비아 흑인 커플까지.

귀찮았던 여행자도 있었다. 콜롬비아 출신의 젊은 여행자인데 요리할 때면 옆에 다가와 치근덕거리며 얻어먹고선 정작 본인이 식사할 때는 언제 그랬냐는 듯 조용해지던 일명 얌체족 여행자. 다른 여행자들과 음식을 나눠 먹고 교류하는 것은 좋지만 때로는 배려 없는 몇몇 여행자의 행동에 눈살이 찌푸려졌다.

틈이 나는 대로 시내를 돌아다녔다. 중심부의 아르마스 광장에는 현지인들이 풍요로운 일상을 만들고 있었다. 광장 한편에 마련된 테이블에서 여유롭게 체스를 즐기는 노인들, 넥타이를 매고 어디론가 바삐 걸어가는 직장인들, 낯선 이의 구두를 닦는 노인, 벤치에 앉아 애틋하게 서로를 바라보는 연인들, 말 위에 탄 채 시민의 모습을 근엄하게 지켜보는 경찰 등… 아르마스 광장은 다양한 사람들의 삶이 교차하는 장소였다. 이런 풍경 속에서 유모차를 끄는 아기 엄마의 오른손에 담배가 꽂혀 있는 걸 발견했다. 아기 엄마는 담배 연기를 퍼뜨리며 광장을 활보했고 종종 유모차 안에 아기를 어루만지기도 했다. 우리나라에서는 거의 없는 풍경이었다.

고등학생 시절 '문화의 상대성'에 대해 배운 적이 있다. 문화는 다양한 것이지 결코 특정 문화가 우월하지 않다는 논리. 이 말에 적극 동의하는 바, 클랙슨을 울리거나 역주행하는 교통 문화, 그리고 거리의 흡연 문화는 개선되어야 하지 않을까 생각했다.

어느덧
남반구 끝에 다다르다

칠레, 푸에르토몬트

산티아고(Santiago) ○———○ 푸에르토 몬트(Puerto montt) 663km

☀ 맑음

　　남쪽으로 갈수록 해가 길어졌다. 오후 8시부터 두 시간 가까이 붉은 노을이 서쪽 하늘을 불태웠다. 긴 저녁놀을 보고 있으니 여행 첫날 캐나다에서 봤던 노을이 떠올랐다. 어느덧 여행을 시작한 지 500일이 지났다. 북반구의 끝에서 시작한 여행은 남반구 끝자락을 향하고 있었다.

Chile · Argentina

파타고니아로 가는 관문인 푸에르토 몬트Puerto montt까지 이어진 길에는 10월 봄을 알리는 유채꽃으로 노란 물결을 이루었다. 훌륭한 자연을 가진 칠레에선 도로를 달리는 것만으로 행복하다는 생각이 자주 들었다. 들판의 꽃과 풀이 주는 평온함, 하늘의 구름이 전해주는 여유, 햇빛이 내비치는 포근함… 자연이 건네는 은혜를 만끽하며 새로운 도시에 도착할 때면 언제나 기분이 들떴다.

청춘 가슴이 시키는 대로

　푸에르토 몬트 앙헬모 수산시장Angelmo은 태평양 연안에 위치한 덕분에 품질 좋은 연어가 잡히기로 유명하다. 관광객을 실은 페리가 항구에 정박하면 연어 가격이 오르고 관광객이 떠나면 다시 연어 가격이 내려간다는 우스갯소리도 있다. 근처 칠로에Chiloe 섬에는 야생 바다사자와 물개가 서식하는데 수산시장에서 나오는 생선 찌꺼기를 먹기 위해 인근 해변까지 헤엄쳐 왔다. 평소엔 한가로이 해변에서 햇볕을 쬐다가 생선 찌꺼기가 든 잔반통을 질질 끄는 소리가 나면 헝! 헝! 소리를 내며 달려와 거침없이 몸싸움을 하며 음식물을 낚아챘다. 물개보다 덩치가 세 배 가까이 큰 바다사자는 절대 물개한테 음식을 빼앗기는 법이 없었다. 바다사자의 울음소리가 얼마나 우렁찬지 궁금할 때는 그들의 식사 시간을 구경해 보자.

파타고니아Patagonia로 향하는 페리가 월, 수, 금 밤에만 운영한다는 사실을 듣고 호스텔에서 기다렸다. 호스텔에서 만난 콜롬비아 여성과 베네수엘라 남성은 얼굴을 마주칠 때마다 으르렁거리며 언성을 높였다. 대화의 주제는 모르겠으나 아마도 각자 나라를 옹호하며 상대방 나라를 비판하는 듯했다. 두 흑인의 싸움을 지켜보고 있으니 칠레인 호스텔 주인이 나에게 다가와 이렇게 말했다.

"한국과 북한의 문제가 아닌 콜롬비아와 베네수엘라의 싸움이네. (웃음)"

두 나라 사이에는 내가 모르는 미묘한 감정들이 부딪치고 있었다. 역사와 지리, 정치와 경제 문제로 얽혀 있을 수밖에 없는 근접 국가는 서로 사이가 결코 좋을 수만은 없다. 아시아 국가에 대입해도 갈등과 분쟁의 역사는 쉽사리 종식되지 않는다. 지구에는 수많은 이해관계와 다양한 가치관이 존재하니 평화를 유지하려면 자국의 이익만을 추구하기보다 인접국에 고통을 안겨줄 수 있다는 사실을 인지해야 한다.

며칠 뒤 밤늦게 출발하는 페리를 타고 차이텐Chaiten으로 향했다. 젖히지 않는 의자에서 쪽잠을 자고 일어났다. 창밖을 바라보니 남미 최남단 파타고니아의 풍경이 축축한 모습을 드러냈다.

만약 동화 속 세상이 존재한다면
바로 이곳일 거야

차이텐(Chaiten) ○———○ 코이하이케(Coyhaique) 420km

흐림, 비

차이텐에서 식량을 챙겨서 떠날 생각이었지만 이른 아침이라 문을 연 가게가 없었다. 할 수 없이 주유소에서 캠핑용 가솔린만 구입한 뒤 길을 떠났다. 비가 부슬부슬 내리던 파타고니아는 마치 다큐멘터리의 한 장면을 연상시켰다. 짙고 선명한 풍경 속에서 코끝을 자극하는 자연의 냄새. 좁은 길을 따라 페달을 돌리면 시속 20km로 시골스러운 경치가 흘러갔다. 시선의

끝자락에는 만년설이 뒤덮인 산봉우리가 보였고 잦은 비로 인해 산봉우리 아래는 안개가 자욱했다. 빠르게 흐르는 강물 소리만이 고독한 풍경의 정적을 깨고 있었다.

몇 시간을 달렸을 무렵 길에서 커플 자전거 여행자를 만났다. 오로지 파타고니아를 여행하기 위해 독일에서 왔다는 브리기티와 닐스. 그들의 선한 인상에 끌려 대도시 코이하이케Coyhaique까지 동행하기로 했다. 코이하이케까지는 400km 정도로 4일이면 주파할 수 있는 거리였지만 빠르게 가기보다는 그들과 함께하는 재미를 택했다. 독일인은 어떻게 여행을 즐길까?

닐스와 브리기티는 300만 원이 넘는 독일제 전기자전거를 타고 다녔다. 간단한 기어 변속으로 오르막도 편하게 올랐다. 그들은 헤엄치듯 부드럽게 자전거를 타며 느긋하게 자연을 만끽했다. 우리는 아침에 텐트 앞에서 햇살을 받으며 커피를 즐기고 전망이 좋은 곳을 발견하면 한동안 넋 놓고 파타고니아의 자연을 음미했다.

두 사람과는 금세 친해질 수 있었는데 엉뚱하게도 비 때문이었다. 수시로 비를 뿌리는 파타고니아 날씨에 온종일 젖은 옷차림으로 라이딩을 하고 있었다. 비를 피해 쉼터에서 홀딱 젖은 내 모습을 보고 서로 웃음이 터져버렸다. 두 사람은 비가 오면 우의를 입고 해가 뜨면 다시 벗었다. 브리기티는 궁금한 듯 물었다.

"Min, 너는 우의 없니?"
"옷 갈아입기 귀찮아서 그냥 비 맞고 다녀. 어차피 해 뜨면 다시 옷 마르잖아."

청춘 가슴이 시키는 대로

건조한 대답에 브리티니는 재밌다는 듯 웃음을 지어 보였다.

건축가 닐스는 유머러스하면서도 배려심이 깊었다. 매번 내 숙박비를 대신 내주고 싶어 했다. 물론 번번이 거절하며 혼자 야외 캠핑을 했으나 고마운 마음은 그대로였다. 생각해 보니 숙박비를 내준다고 할 때도, 식사를 대접하겠다고 할 때도, 비에 옷이 홀딱 젖어도, 바퀴에 펑크가 나도, 나는 언제나 '괜찮아'라고 대답했다. 긴 여행에 익숙해져 감정이 무뎌진 것은 아닐까? 나의 덤덤함이 상대방의 호의를 저버리는 태도는 아니었을지 고민하게 되었다.

그럼에도 어쨌거나 우리는 좋은 콤비였다. 함께한 날이 겹칠수록 서로의 여행은 닮아갔다. 내가 잔디밭에 소변을 보면 닐스는 100m 뒤에서 각자의

영역을 표시했다. 나는 항상 선두를 달렸고 닐스와 브리기티를 기다렸다. 매일 밤에 산속에서 캠핑을 하며 각자의 요리를 선보였고 함께 은하수를 바라보곤 했다. 남쪽으로 갈수록 동화 같은 경치는 탄성을 자아냈다. 풀을 뜯는 양 떼와 민들레 가득 핀 들판이 보였을 때는 모두가 자연의 아름다움에 감탄하며 미소 지었다.

청춘 가슴이 시키는 대로

차이텐을 떠나고 일주일. 어느덧 코이헤이크에 도착했다. 승리를 자축하며 호화로운 저녁 만찬을 즐겼다. 맥주잔에는 맥주가 가득, 스테이크를 썰면서 대화를 나누었다. 닐스와 브리기티는 독일에 나를 초청하고 싶어 했고 반대로 나는 그들을 한국에 초대하고 싶어 했다. 아르헨티나까지 함께 가자고 말했지만 다시 사색하며 자연을 누비고 싶은 마음에 그의 제안을 정중히 거절했다. 좋은 여행은 많은 사진과 값진 추억 그리고 소중한 사람을 남긴다. 일주일간 함께 달렸던 그들이 정말 고마웠다.

청춘 가슴이 시키는 대로

칠레의
마지막 모습들

엘칼라파테(el calafate) ○———○ 산세바르티안(San sebastian) 685km

☁ 극한의 강풍

과거 영토 분쟁이 있었던 까닭에 역삼각형 모양의 남미 최남단에 도달하기 위해서는 칠레와 아르헨티나 국경을 왕래하며 이동해야 했다. 아르헨티나 영토 엘칼라파테el calafate에 도착해 긴 휴식의 시간을 가졌다. 칠레보다 물가가 저렴해서 오래 머물기 좋았다. 매 끼니 소고기를 배불리 먹어도 될 정도로 고기 값이 저렴했으며 와인 맛도 탁월했다. 카메라를 들고 산책을 나서면 현지인들은 언제나 눈인사와 미소로 낯선 이방인을 반겨 주었다.

또 다시 자전거에 올라타 길을 가르고 있었다. 낙타과에 속하는 과나코가 도로변 철조망을 뛰어넘다가 배가 걸려 널브러져 있었다. 야생 동물의 로드킬을 막기 위해 아르헨티나 정부가 수백 킬로에 걸쳐서 세워놓은 철조망이 오히려 동물의 목숨을 앗아간 아이러니한 장면이었다. 부패한 시체는 벌레가 들끓었고 심한 악취를 풍겼다. 풀밭에 쏟아진 과나코의 내장은 사막여우나 콘도르의 몫이었다.

인적이 드문 온대 초원에서는 많은 야생 동물을 만날 수 있었다. 도로에서 떨어진 곳에 타조가 보였고 울타리 너머 야생마들은 갈기를 휘날리며 초원을 활보했다. 간혹 보이는 호수에는 홍학 떼가 복숭앗빛을 띠며 우아한 자태를 뽐냈다. 한 번은 풀숲에서 아르마딜로를 만나기도 했다. 거북이인 줄 알았던 아르마딜로는 내가 다가가자 수풀 사이로 빠르게 모습을 감추었다.

칠레는 훌륭한 자연 경관으로 유명하다. 만년설과 흘러내린 빙하가 강과 호수를 만들었고 침식과 퇴적을 반복하며 광활한 골짜기를 형성해 왔다. 칠레 국경에 다다르자 초록빛으로 우거진 산림이 펼쳐졌다. 칠레는 자국의 농산물을 엄격하게 보호하기 때문에 국경을 넘는 여행자들은 소지한 채소를 처분해야 했다. 식량을 빼앗기기 싫었던 나는 술수를 써 먹을거리를 이민국

청춘 가슴이 시키는 대로

건물 근처에 숨겨 두고 입국 수속을 밟았다. 다행히 들키지 않았다. 그날 저녁에도 나는 아르헨티나산 양파와 당근을 조리해 먹을 수 있었다.

인류는 아프리카에서 시작해 유럽, 중동, 아시아를 지나 북아메리카, 중앙아메리카, 남아메리카로 그 영역을 뻗어 나갔다. 내가 향하고 있는 '세상의 끝' 우수아이아Ushuaia는 인류가 가장 마지막으로 발자국을 남긴 땅이란 뜻이다. 파타고니아의 남쪽 끝으로 향하는 여정에는 인류의 발자취를 쫓아간다는 내 나름의 의미가 깃들어 있었다.

다만 남쪽으로 갈수록 강해지는 바람이 두려웠다. 푼타 아레나스Punta arenas로 향하던 길에서는 바람이 어찌나 강하게 불던지 모래 폭풍에 자전거를 탈 수 없는 지경이었다. 이따금 들른 도로변 초소는 강풍에 유리창이 깨져 있어 바닥에 앉을 때마다 확인해야 했다. 이대로는 도저히 텐트를 칠 수 없었다. 그래도 죽으라는 법은 없는지 용케도 매일 밤 폐가를 발견했다. 폐가에서 캠핑할 때면 콧노래가 절로 나왔다. 폐가에는 여행자들이 그려놓은 낙서가 많았는데 대부분 남미 여행자들의 것으로 우수아이아까지 여정을 응원하는 메시지였다. 여행자들의 낙서는 시간을 초월해 외로운 방랑자들을 격려하고 있었다.

마침내 세상의 끝
우수아이아에 도착하다

아르헨티나, 우수아이아

산세바르티안(San sebastian) ○———○ 우수아이아(Ushuaia) 336km

맑음, 강풍

남극으로 가는 관문 기지인 푼타 아레나스Punta arenas는 인구 10만 명이 넘는 남쪽 파타고니아 최대 도시다. 1914년 파나마 운하가 개통될 때까지 전 세계 무역선이 마젤란 해협을 지났기 때문에 푼타 아레나스는 항구 도시로 발전해 나갔다.

푼타 아레나스에 머물던 호스텔에서 일본인 여행자 미유키를 만났다. 전 세계 40개국 이상을 여행했다는 그녀는 일본으로 귀국을 앞두고 마지막으로 푼타 아레나스에서 휴식 중이라고 말했다. 그녀는 더 이상 새로운 관광지에 감흥을 느끼지 못하겠다면서 어떤 장소를 새로 마주하기보다 사람들과 이야기를 나누고 추억을 쌓는 것이 더 의미 있는 여행이라 말했다. 얼른 고향으로 돌아가 어머니의 미소시루(된장국)를 먹고 싶다는 미유키. 그녀의 여행 이야기를 듣고 생각에 잠겼다. 긴 여행의 끝은 언제나 사랑하는 사람의 품으로 돌아가는 것으로 귀결된다.

호스텔을 떠나기 전 자전거를 점검했다. 케이블 선이 늘어나 변속이 되지

않는 구동계, 닳아버린 브레이크 패드, 부서진 킥스탠드, 공기가 주입되지 않는 펌프, 늘어나서 소음이 생긴 체인, 트레드가 마모되어 쉽게 펑크 나는 타이어. 온 오프로드 1만 8,000km를 달린 자전거는 어디 하나 성한 곳이 없었다. 누군가는 고물 자전거라 치부할지도 모르지만 내게는 정말 소중한 존재였다. 여행이 끝날 때까지 조금만 더 버텨줘.

다음 날 아침 일찍 페리를 타고 마젤란 해협을 건넜다. 3시간 뒤 배는 파타고니아 최남단 티에라 델 푸에고 제도Tierra del Fuego에 입성했다. 스페인어로 '불의 섬'이라는 뜻의 티에라 델 푸에고 제도는 남극에 가까이 위치해 있기에 연중 기온이 낮고 항상 거센 바람이 부는 게 특징이다. 영국의 탐험가 에릭 시프턴이 이곳을 '폭풍우의 대지'라고 불렀던 일화가 유명하다. 풍속 40m/s를 넘으면 사람이 날아갈 수도 있는데 최대 풍속이 60m/s를 넘는 일도 빈번했다.

  선착장에서 내리자 좁은 흙길이 이어졌다. 바닷길을 따라, 굽은 산길을 따라 홀로 두 바퀴를 굴렸다. 어찌나 바람이 불던지 들판에 잡초는 아예 옆으로 누워 있었다. 산길을 벗어나자 자갈길이 지평선 끝까지 펼쳐져 있었다. 다행히 오후가 되면서 바람의 방향이 바뀌어 순풍이 불어왔다. 자전거 페달을 밟지 않아도 바람에 등이 떠밀려 속도계에 시속 40km까지 찍혔다.

  잘 곳을 찾던 해 질 녘에는 길에서 과나코 한 마리와 마주쳤다. 풀을 질경질경 씹으며 호기심 가득한 눈으로 나를 쳐다보다가 가까워지는 나에게 등을 돌리고 멀어졌다. 과나코를 만난 덕분인지 운 좋게 폐가를 발견했다. 다음 날 다시 아르헨티나에 입국해서(칠레와 아르헨티나를 몇 번이나 왕래했는지 모르겠다) 풀을 뜯는 소떼에 눈길을 주며 달리다 리오 그란데 Rio Grande에 도착했다.

강풍을 피해 벽을 등지고 취사를 하는데도 소용돌이가 일어서 그릇에 모래가 왕창 들어가 버렸다. 바람에 진력이 나서 무력하게 멈춰 있는데 놀이터에서 공을 차는 아이들이 보였다. 과연 인간은 적응하는 동물이란 말인가. 휘몰아치는 난리통에도 아랑곳하지 않고 뛰어놀다니 대단한 어린이들이었다. 이날은 해가 지고도 잘 곳을 찾지 못했다. 하늘에서는 비가 쏟아졌다.

어둠 속 한 가닥 빛을 따라 한 목장에 닿았다. 개 짖는 소리와 함께 모습을
드러낸 목장 주인은 낮까지 머무르라며 선뜻 빈방을 내주었다. 땅 끝 사람
들의 인심은 신기할 정도로 후했다. 이날의 라이딩 거리는 165km. 강풍의
폐해와 순풍의 위력을 동시에 체감한 날이었다.

아침 일찍부터 부슬비를 맞으며 시작했던 라이딩은 산 정상에 다다랐을 즈음 함박눈 라이딩으로 바뀌어 있었다. 눈발을 맞으며 내리막을 질주하자 함박눈은 또다시 빗줄기로 변해 있었다. 이마에서는 땀이 났고 빗물과 섞여 볼을 타고 흘러내렸다. 브레이크에 갖다 댄 손은 추워서 부들부들 떨렸다. 페달을 돌리면 젖은 타이어에서 빗물이 튀었고 덜덜거리는 입술 사이로 하얀 입김이 새어 나왔다. 고난의 길도 마지막, 마침내 세상의 끝Fin del mundo 우수아이아에 당도했다. 마을 전경이 내려다보이는 언덕에 자전거를 세워 두었다.

'그토록 밟고 싶었던 땅이 여기구나.'

기뻐서 눈물이라도 날 줄 알았는데 막상 목적지에 도착하니 무덤덤했다. 남쪽에서 불어오는 바람을 느끼며 우수아이아 전경을 가만히 관망했다. 세상의 끝에서도 사람들은 각자의 삶을 살고 있었다. '나'라는 작은 존재는 전혀 아랑곳하지 않은 채 말이다. 하지만 초점을 '나'에게 맞추자 그동안의 사건이 주마등처럼 지나갔다. 미지의 세계에서 자전거를 타는 즐거움, 처음 보는 자연의 경이로움, 목표한 것을 이뤄냈다는 성취감, 새로운 친구를 사귀었던 기쁨, 재회를 약속할 수 없는 이별의 슬픔, 누군가를 진심으로 대했던 애틋함, 비를 맞으며 느꼈던 우울함, 매일 밤 텐트에서 느꼈던 외로움, 소중한 사람들을 향한 그리움, 똥개한테 물렸던 분노, 불현듯 찾아오는 펑크의 짜증스러움, 에어매트에 누웠을 때의 안락함, 일주일 넘게 씻지 못한 불쾌함, 내리막을 달리며 느꼈던 해방감, 밤하늘 은하수를 보며 느꼈던 자유로움… 모든 감정이 생생하게 되살아났다. 감정들은 내가 주인공인 한 이야기의 결말에서 대미를 장식하듯 한꺼번에 몰려왔다. 여행의 추억들이 전부 내 것이라

청춘 가슴이 시키는 대로

참 다행이라는 생각이 들었다. 2년 전 나는 세상이 궁금한 어떤 사람일 뿐이었지. 어느새 나는 바람을 맞으며 눈물을 글썽이고 있었다.

우수아이아 시내에 들어서서 비싸고 맛있는 레스토랑으로 들어갔다. 킹크랩과 맥주를 시켜서 배가 아플 정도로 과식했다. 스스로에게 내리는 상이라 생각하니 더 맛있었다.

다시 포틀랜드,
은인들과 재회

푼타 아레나스(Punta arenas) ○───○ 포틀랜드(Portland)
😊 아름다운 날

푼타아레나스로 돌아와 비행기에 몸을 실었다. 칠레 산티아고, 멕시코 멕시코시티를 경유한 비행기는 35시간 만에 미국 포틀랜드에 도착했다. 600일 동안 자전거로 달렸던 거리를 비행기는 이틀 만에 이동했다. 1년 전 나는 포틀랜드에서 자전거를 도난당했지만 반면 포틀랜드 은인들 덕에 여행을 재기할 수 있었다. 한국으로 귀국하기 전 그들에게 감사의 인사를 한 번 더 전하고자 포틀랜드로 돌아갔다.

가장 먼저 브라이언 헨스를 찾았다. 자전거와 전 재산을 도난당했을 때 브라이언은 내 소식을 지역 방송국에 연결해 주었고 그가 운영하는 사이트에 기사를 실어준 은인이다. 브라이언은 나를 뜨겁게 안으며 웃음기 가득한 얼굴로 말했다.

"Min! 포틀랜드에 돌아온 걸 환영해. 얼마 전까지 우수아이아에 있던 녀석이 포틀랜드라니! 머리는 왜 이렇게 많이 자란 거야?"
"브라이언 덕분에 여행을 잘 마칠 수 있었어요. 고마워요!"

276 *청춘 가슴이 시키는 대로*

쌓인 이야기가 많았던 우리는 곧바로 호프집을 찾았다. 1년 전 브라이언이 기부회에서 했던 말이 떠올랐다.

"여기 앉아있는 사람들은 적어도 이 친구가 어떤 심정일지 알겠죠. 얼마나 허탈하고 슬플지 우리는 공감할 수 있어요. 왜냐하면 우리도 한 번씩 자전거 도난당해 봤잖아요? (웃음) 우리는 이 친구를 다시 길 위로 돌려보낼 책임이 있어요!"

그의 어조는 유쾌하고도 담담했다. 브라이언은 곤란에 처한 이를 보면 자신이 할 수 있는 최선을 다하는 사람이었다. 얼마 전 둘도 없는 고향 친구에게 자신의 신장을 이식해 주었다는 놀라운 근황을 전했다. 그의 이야기를 들으면 맥주 안주가 필요 없었다. 늦은 밤까지 훈훈한 대화는 계속 이어졌다.

얼마 후 또 다른 은인 제나를 만났다. 재회의 기쁨에 제나는 나를 꽉 껴안아주며 말했다.

"포틀랜드에 돌아온 걸 환영해. 너 정말 해냈구나!"

다시 만난 제나는 자신만의 클래식 방송을 담당하는 라디오 방송국 DJ가 되어 있었다. 대부분 20년 넘게 라디오를 진행하기에 젊은 사람이 메인 DJ를 맡기 힘들다며 어렵게 얻은 이번 기회를 놓치고 싶지 않다고 말했다.

제나의 집에 머물던 중 방송국에서 인터뷰 요청이 왔다. 1년 전 자전거 도난 소식을 포틀랜드 전역에 방송해 준 곳이었는데 리포터와 카메라맨이 그대로였다. 리포터 앤드류는 포틀랜드에 왜 다시 돌아왔는지 물으며 마이크를 건넸다.

"저를 도와줬던 분들에게 전하고 싶었어요. 제게 세상을 보여주셔서 감사하다고요. 당신들의 도움이 없었다면 우수아이아까지 도달하지 못했을 겁니다."

그윽한 미소를 지으며 대답했다. 이 말을 전하기 위해 긴 여정을 돌아왔다고 해도 과언이 아니었다. 리포터 앤드류도 흡족한 표정을 지었다. 이날 저녁에는 포틀랜드 전역으로 내 이야기가 전해졌다. 이로써 그동안 마음 한편에 묵직하게 자리한 짐이 조금은 가벼워진 느낌이 들었다.

이제 홀가분하게 한국으로 돌아갈 수 있을 것 같다. 2년 만의 한국은 어떤 모습으로 나를 반겨줄까?

Epilogue

한국에서 씀.

미국에서 일본으로. 그리고 도쿄에서 후쿠오카를 거쳐 부산으로 귀국했다. 이로써 677일간의 여행이 막을 내렸다. 마치 꿈이라도 꾼 듯 모든 게 허구 같다. 하지만 눈을 감으면 생생한 추억들로 미소가 지어진다. 어디를 떠올리든 누구를 떠올리든 여행의 추억이 생생하다.

자전거 세계여행은 성공적이었다. 국적과 인종이 다른 전 세계 사람들을 만났고 또 그들에게 신세를 졌다. 먹고 자는 문제를 온전히 내 힘으로 해결할 수 있는 자전거 여행. 사실 많은 사람들의 도움이 필요했다. 집 앞마당을 내어 주고, 황무지에서 트럭에 태워 주고, 시원한 물을 건네주던 현지인들이 아니었더라면 아마 여행을 이어갈 수 없었을 것이다. 어느 순간부터는 도움을 받는 내 모습이 안일하다고 생각했다. 여행 막바지에는 자연 속에서 홀로 캠핑을 하며 외롭게 다녔다. 그러자 현지인의 작은 배려가 가슴에 닿을 만큼 감사하게 느껴졌다. 그들에게 보답할 수 있는 것은 무엇일지 고민했다. 나의 경우 현지인과 시간을 보내며 추억을 쌓는 정도였지만 말이다.

지인들은 종종 나에게 여행을 다녀오고 무엇이 달라졌는지 물었다. 달라진 것은 없었다. 이 세상에는 나쁜 사람보다 좋은 사람이 월등히 많다는 걸 알았을 뿐. 텔레비전으로 보는 지구촌 소식만이 세상의 전부가 아님을 이제는 안다.

한국에 돌아온 뒤 사진을 찍고 글을 쓰면서 지냈다. 가끔은 강연에서 학생들에게 이야기를 전하기도 했다. 여행 중 블로그에 업로드한 글을 본 군인, 학생, 가정주부를 비롯해 많은 분들이 메시지를 보내 주었다. 한 아버님은 8살 된 자식에게 보여줄 새로운 세상을 알게 되었다며 인사와 함께 후원금을 보내주기도 했다. 격려와 응원의 메시지를 읽을 때마다 가슴이 뭉클하고 감사했다. 이 또한 떠나지 않았다면 느낄 수 없었을 감정이다.

마음 같아선 자전거 여행을 모두에게 권하고 싶다. 스펙에 연연하는 한국 사회지만 대학교든 어디든 커리큘럼에 1년간의 세계여행 프로그램 등을 넣으면 좋겠다고도 생각한다. 그만큼 여행이 우리의 경직된 생각과 가치관을 유연하게 해준다고 믿기 때문이다. 나는 꼭 어떤 목적이 아니어도 수많은 여행자가 자유를 찾아 세상을 떠돌길 바라고 있다. 이 글이 새로운 마음을 불어넣어 주길 기대하며 모두에게 행운을 빈다.

청춘, 가슴이 시키는 대로(큰글자도서)

초판인쇄 2023년 11월 30일
초판발행 2023년 11월 30일

지은이 김민형
발행인 채종준
발행처 한국학술정보(주)

주소 경기도 파주시 회동길 230(문발동)
문의 ksibook13@kstudy.com
출판신고 2003년 9월 25일 제406-2003-000012호
인쇄 북토리

ISBN 979-11-6983-795-8 03940

저작권법에 의해 한국 내에서 보호를 받는 저작물이므로 무단전재와 복제를 금지하며,
이 책의 내용의 전부 또는 일부를 이용하려면 반드시 한국학술정보(주)와
저작권자의 서면 동의를 받아야 합니다.